Juan Arnau

Cosmologías de India

Védica, sāṃkhya y budista

editorial Kairós

Fotocomposición: Grafime S.L. 08027 Barcelona
Diseño cubierta: Katrien Van Steen
Impresión y encuadernación: Litogama. 08030 Barcelona

Primera edición: Febrero 2024
ISBN: 978-84-1121-234-2
Depósito legal: B 1.564-2024

A Lucía

Sumario

Abreviaturas

AB: *Aitareya brāhmaṇa*
AN: *Aṅguttara nikāya*
AV: *Atharva-veda*
BU: *Bṛhadāraṇyaka-upaniṣad*
CU: *Chāndogya-upaniṣad*
DN: *Dīgha-nikāya*
IU: *Isa-upaniṣad*
KB: *Kauṣītaki brāhmaṇa*
Kośa: *Abhidharmakośa bhaṣya*
KU: *Kaṭha-upaniṣad*
MB: *Mahābhārata*
MN: *Majjhima nikāya*
MtU: *Maitrāyannṇīya-upaniṣad*
MU: *Muṇḍaka-upaniṣad*
ṚV: *Ṛg-veda*
ŚB: *Śatapatha brāhmaṇa*
SK: *Sāṃkhya-kārikā*
SN: *Saṁyutta nikāya*
ŚU: *Śvetāśvatara-upaniṣad*
TK: *Tattva-kaumudī*
TU: *Taittirīya-upaniṣad*
VM: *Visuddhimagga*

Preludio a la edición de 2024

Desde niño me ha fascinado el universo. Cuando terminé los estudios de astrofísica, salí de la facultad con una idea clara de qué era eso que tanto me interesaba. El universo se había originado con una gran explosión, cuyo motivo quedaba fuera del alcance de la física, y se consideraba una entidad mecánica, indiferente y fría, donde la vida y la conciencia podían perfectamente no haber ocurrido. La conciencia era un epifenómeno del cerebro y una invitada tardía e inesperada a la fiesta de la evolución. Esta versión del universo-máquina que ofrecía la física clásica, heredera de Descartes y Newton, no me acabó de convencer. Me llevé, eso sí, una imagen fascinante de la evolución estelar. De gigantes rojas y azules en cuyo interior se cocina el carbono que hará posible la vida. Estrellas solitarias o emparejadas, estrellas que nacen, se reproducen y mueren.

Decidí entonces marcharme a India para ver qué tenían que decir allí del universo. La imagen que me encontré era radicalmente distinta. El universo se concebía como un organismo cuyos procesos cíclicos de creación y disolución se desarrollaban en paralelo a la evolución espiritual de los seres. Tanto la literatura filosófica, como la épica y devocional, darán cuenta de esta situación. La evolución cósmica es la historia de las pérdidas y recuperaciones de valores morales. El cosmos se encuentra autorregulado por la vida consciente. El espacio y el tiempo han dejado de ser las precondiciones de la experiencia. La conciencia se convierte en el fundamento de todo lo espacial y temporal.

Este libro se ocupa de tres tradiciones de pensamiento, distintas, pero imbricadas: la védica, la *sāṃkhya* y la budista. La primera parte se dedica a la visión del universo en la época védica, que se inicia con el *Ṛgveda* y se cierra con las últimas *upaniṣad*. En los himnos védicos aparece ya la idea de un orden cósmico y el universo primordial se concibe como sonido puro. Antes de la luz y la materia, una vibración habitaba y configuraba el espacio. Se sugiere que el espacio cósmico es una expansión sonora, la proyección de una voz. La idea es fascinante. El sonido no sólo es precursor de la luz, sino que la música es la madre de la astronomía y la biología. Señalando una diferencia fundamental entre la civilización griega, fundamentalmente visual (el *eidos* platónico), y la civilización india, fundamentalmente sonora (la vibración de la sílaba primera, OM). Un mundo cuyos secretos son escuchados (no vistos) por los sabios de la antigüedad, que son los que han tenido oído para su música.

La segunda parte se ocupa de la escuela filosófica *sāṃkhya*. Un mapa del universo esencialmente pluralista, que recuerda al de Leibniz. El universo se llena de testigos ocultos a los que la naturaleza, en su infinita capacidad de creación y diversificación, trata de complacer. La conciencia pura del *puruṣa*, carente de contenido, se llena y se recrea con las escenificaciones de la materia y se deja seducir por ella.

Por último, la tradición budista nos ofrece un universo mental. Una guía para navegar en la mente del mundo. Espacio y tiempo se conciben como una fermentación de la vida que percibe y siente. Los budistas reformulan los tres mundos de la época védica. Hay un mundo sensible, un mundo de materia sutil y un mundo inmaterial. La mente entrenada puede viajar por ellos, morar en ellos y experimentar lo que allí ocurre. El espacio no se distribuye mediante fuerzas concéntricas como la gravedad, sino mediante las excentricidades de la vida mental: episodios que abren caminos en el espacio y dibujan la curvatura del tiempo.

Agradezco la iniciativa de Agustín Pániker y de la Editorial Kairós de recuperar este ensayo, publicado en México hace ya más de una década. Espero que el libro contribuya a abrir nuestras perspectivas sobre el universo y a enriquecer nuestra vida mental, tan atosigada hoy por los engendros tecnológicos.

Juan Arnau
San Climent, Menorca
20 de julio de 2023

Introducción

La cosmología hoy

En la actualidad, la cosmología se considera una disciplina científica asociada a la astrofísica, la física teórica y las matemáticas. Las características generales del universo, su extensión en el espacio y su duración en el tiempo, su origen y desarrollo, constituyen las principales preocupaciones de los cosmólogos. Su principal tarea es la construcción de modelos de universo que sean lógicamente coherentes y, al mismo tiempo, compatibles con los datos empíricos. En este sentido, la propia disciplina es quizá la expresión más radical de la tensión entre lo teórico y lo experimental, entre la pizarra y el laboratorio. A principios del siglo XVIII europeo, la cosmología teórica, entonces llamada racional, se consideraba parte de la metafísica y la ontología, e incluía aspectos psicológicos y teológicos. El término sería introducido por Wolff en 1731 *(Cosmologia generalis),* donde la definía como *scientia mundi de universi in genere* y establecía las diferencias entre la cosmología racional y la empírica.[1] Aunque

1. El título completo de la obra es *Cosmologia generalis methodo scientifica pertractata*

Wolff experimentaría la influencia de la figura de Leibniz a lo largo de toda su carrera, se apartó de su concepto de mónada y remplazó la idea de una «armonía preestablecida» por la teoría de Spinoza de la correspondencia entre el orden del pensamiento y el orden cósmico. Una correspondencia que, como veremos, destaca en la mayoría de las concepciones cosmológicas indias que estudiaremos en este volumen.

Desde entonces, aunque la tensión entre lo teórico y lo experimental nunca ha decrecido (sobre todo con el auge de la física cuántica en la primera mitad del siglo XX), la física teórica se ha encargado de purgar, con éxito desigual, algunos de los aspectos *extracientíficos* heredados de las tradiciones metafísicas. Sea como fuere, la cosmología se ha mantenido como una de las escasas disciplinas científicas contemporáneas donde los aspectos teóricos y especulativos predominan sobre los experimentales, donde la elegancia, coherencia y simplicidad de los diferentes modelos de universo organizan y dirigen la atención hacia su expresión empírica.[2] Al margen de cómo se resuelva la tensión entre lo teórico y lo experimental (quién debe guiar a quién), es claro que los propios objetivos de la disciplina llevan ya implícitos numerosos presupuestos sobre la naturaleza del espacio y del tiempo, que hacen inevitable la imbricación de lenguaje de la astrofísica con el de la filosofía. No debería sorprender, por tanto, que las teorías cosmológicas

---

qua ad solidam, in primis dei atque naturae cognitionem via sternitur, Francfort y Leipzig, Rengeriana, 1731.

2. Esto lleva a postulados del tipo: «Sea el universo una función continua infinitas veces derivable», que pueden escucharse todavía hoy en las facultades de física donde se enseña cosmología.

contemporáneas planteen cuestiones que ya fueron tratadas por las cosmologías de la Antigüedad, y que sus modelos se acerquen en ocasiones a sus predecesoras, como en el caso de la idea de una expansión y contracción periódica del universo.

Conviene observar que, cuando se examinan las cosmologías antiguas desde la perspectiva actual, generalmente se hace con cierta condescendencia, cuando no con manifiesta impaciencia. La modernidad ha relativizado todas las concepciones tradicionales del cosmos, y la antropología se ha encargado de inventariar el modo en que cada cultura (egipcia, babilónica o maya) edificó pacientemente el modelo de mundo en que vivía, o en el que todavía vive, como en el caso de las cosmologías de India. Pero parece que ese relativismo es tabú cuando hablamos de los modelos cosmológicos contemporáneos, con frecuencia considerados definitivos o incuestionables. Las sociedades tecnológicas han logrado ver lo que ninguna otra civilización pudo ver, instalando telescopios en el espacio exterior, analizando las señales invisibles del infrarrojo o del ultravioleta, detectando la radiación fósil del *big bang*. Y, sin embargo, cuando nos acercamos a su lenguaje, encontramos *personajes* que no despreciaría ninguna mitología antigua, entidades enigmáticas y apenas detectables como la materia oscura, los agujeros negros o vacíos expansivos que se hacen sitio e impulsan el resto de las cosas.

En general, las cosmologías modernas tienden a considerar la aparición de la conciencia como un fenómeno tardío en la evolución cósmica, asociada a la materia orgánica que fue sintetizada en los hornos estelares. La cosmología *sāṃkhya*, por el contrario, sitúa la conciencia en el origen mismo del universo y, en cierto sentido, fuera del mundo natural, aunque reflejándose en él. El budismo establece una conciencia en continuidad, engarzada por sucesivos renacimientos, cuyos estados más elevados supondrían el cumplimiento o culminación de lo fenoménico. El cosmos budista es un universo de conciencia. Espacio y tiempo son una fermentación de la vida que percibe y siente. El espacio no se distribuye mediante la gravedad de la materia, sino en función de sus estados mentales. La serie de los actos conscientes abre los caminos del espacio y dibuja la curvatura del tiempo. Pensémoslo un instante. En las concepciones modernas, lo tosco, la materia y su gravedad, determina la estructura espacial y la evolución temporal del cosmos. Para los antiguos indios, era lo complejo y sutil, la conciencia, lo que condicionaba dicha organización y destino. Como contrapartida, en el *sāṃkhya* encontramos una cierta nostalgia del origen, eco de la cosmovisión védica, mientras que para el budismo dicho cumplimiento es más una vocación, una aspiración a superar las contingencias del mundo y de la existencia.

El tiempo en la Antigüedad

La literatura épica y devocional de la época clásica *(Mahābhārata, Purāṇa)* fue consolidando la idea de que, en el proceso mismo de la evolución cósmica, entran en juego periódicas pérdidas y recuperaciones de los valores morales. El universo, desde esta perspectiva, se encuentra *etificado,*[3] configurado por

3. La expresión es de Gombrich (1975): «Ancient Indian Cosmology».

la calidad moral de los seres que lo habitan. En algunas escuelas el tiempo pasaría a considerarse el principio que organiza el drama de la liberación de los seres conscientes, supeditando su estructura a las necesidades de dicha representación. Así se establece en las concepciones clásicas la relación entre el tiempo y el *dharma*. La decadencia del *dharma* es la decadencia del tiempo, ambos corren, por así decirlo, en paralelo. Esta sincronía requiere en ocasiones el descenso *(avatara)* de una divinidad o de un buda con el propósito de contrarrestar dicha declinación. De este modo quedan vinculados los grandes ciclos de recreación y disolución del mundo con conceptos de naturaleza soteriológica, como *saṃsāra, karma* y *mokṣa/nirvana*. Algunas corrientes de pensamiento como el *sāṃkhya* entenderán la autorrealización como un regreso al origen. Otras, como el budismo del *abhidharma,* que en algunos pasajes de la literatura canónica desaconseja la especulación cosmológica por perniciosa y desorientadora, crearán un mapa de tiempo asociado con diferentes estados de introspección mental, organizados en detalladas cosmologías que son, al mismo tiempo, mapas de la mente.

Frente al tiempo lineal característico de las tradiciones semíticas y cristianas, la Antigüedad india concibió el cosmos como un proceso cíclico de acontecimientos recurrentes en periodos de larga duración. Estas concepciones estuvieron asociadas a los ciclos astronómicos y biológicos cuyas periodicidades regulaban las diferentes actividades sociales y fijaban el calendario ritual. La época védica se ocuparía de inventariar las diferentes unidades de tiempo mediante la observación de las trayectorias del sol y de la luna. Los movimientos de los cuerpos celestes revelaban el carácter cíclico del tiempo y por tanto repetible, siendo el tiempo lineal tan sólo un segmento dentro de cada ciclo, afianzando con ello la idea de que el pasado podía servir de modelo al presente.

Además, dentro de las concepciones védicas se fue desarrollando la idea del tiempo como una serie o conjunto de percepciones, tiempo interiorizado, que encontraba su fundamento en el devenir consciente de cada individuo. Dicha vivencia interna del tiempo adquiriría después un importante papel, tanto en las *upaniṣad* como en el budismo. Lo temporal era visto, desde esta perspectiva, como una *presencia* (siempre a punto de ausentarse) no necesariamente subordinada a una eternidad jerárquicamente superior a ella o que fuera emanación de algo inmóvil o atemporal.

La doctrina según la cual el universo surge y se disuelve periódicamente tuvo numerosos precedentes en la Antigüedad mediterránea. En la mayoría de ellos el nacimiento del mundo (que era un renacimiento) tenía lugar mediante una condensación extrema, mientras que su disolución era obra del fuego. Tanto Heráclito, para quien el mundo había surgido del fuego y volvería al fuego, como los pitagóricos y los estoicos, se adherían a la doctrina del eterno retorno. La escuela eleática de Parménides y Zenón fue todavía más radical, negando el cambio temporal de las cosas y considerando sus transformaciones una mera ilusión. Incluso algunos pensadores cristianos, como Orígenes, barajaron la idea de una repetición o vuelta del mundo a un estado anterior.

De manera general, podría decirse que desde la Antigüedad las ideas acerca del tiempo se concibieron al menos de tres modos diferentes (o mediante una combinación de éstos): como una realidad en sí misma, independiente de las cosas; como una propiedad de las cosas (especialmente de los seres conscientes), y como un orden. Realidad absoluta, propiedad o relación. Tres caracterizaciones que también podrían aplicarse al espacio. La época moderna daría representantes de estas tres «escuelas». Newton concebía en sus *Principia* que «el tiempo absoluto, verdadero y matemático, por sí mismo y por su propia naturaleza, fluye uniformemente sin relación con nada externo». Mientras las cosas cambian, el tiempo no cambia. Los cambios en las cosas son cambios en relación con un tiempo uniforme, perfectamente homogéneo, que es indiferente de aquello que contiene y que se mueve en una sola dirección. Frente a esta postura, Leibniz defendería una concepción relacional del tiempo, siendo éste «el orden de existencia de las cosas que no son simultáneas», no siendo posible afirmar que el tiempo sea algo distinto de aquello que existe en él. Los instantes, considerados sin las cosas, no son nada en absoluto. Kant se fraguaría una idea del tiempo que se haría un sitio entre ambas posiciones. Para el filósofo de Königsberg, el tiempo no era un concepto empírico derivado de la experiencia, sino un *a priori* que subyace a toda actividad cognitiva.

Debido a esta triple caracterización que comparten espacio y tiempo, desde Aristóteles numerosos filósofos han explicado el tiempo mediante el espacio (lo que para Bergson constituía una falsificación de su naturaleza). El lenguaje común contribuye a ello. El tiempo *discurre*, la edad *avanza*. La relatividad ha tratado de mostrar que sucesos que se tienen por pasados en un marco de referencia pueden ser juzgados futuros en otro, dejando constancia de que la distinción entre pasado y futuro no constituye una división ontológica genuina, sino que ocurre en una experiencia consciente asociada a un determinado sistema de referencia.

La hechura del tiempo

Podemos hablar de dos tendencias dominantes en la idea del tiempo de la Grecia clásica. En Platón, el tiempo se trascendía a sí mismo y apuntaba a lo intemporal: «imagen móvil de la eternidad». En Aristóteles, se orientaba hacia el espacio y, más concretamente, hacia el movimiento. En la tradición hebraica, esencialmente profética, el tiempo se concebiría en función del futuro. Algunas tradiciones de pensamiento indias radicaron el tiempo en el presente, sede del «ahora» de la actividad consciente.

El estrecho vínculo entre el tiempo y la actividad consciente se encuentra presente en India durante toda la época clásica, no sólo en la literatura, sino también en los sistemas filosóficos del hinduismo, el budismo y el jainismo. El universo se concibe como un organismo que se desarrolla en paralelo a la evolución espiritual de los seres que lo habitan. La esencia del tiempo, su fuente de alimentación, se encuentra en la actividad mental y física.

Un buen ejemplo de esta tendencia lo encontramos en Vātsyāyana, un filósofo de la escuela *nyāya* del siglo IV. Vale la pena detenerse en su justificación de dicha concepción, que aparece en el capítulo segundo de su comentario a los *Nyā-*

yasūtra. Al explicar el tiempo recurriendo al espacio, se corre el riesgo de quedarse sin presente. Generalmente, esto se hace utilizando la idea del movimiento. El ejemplo clásico de la tradición lógica es el fruto que cae del árbol. Mientras viaja hacia el suelo, el espacio por encima del fruto es espacio *recorrido* (pasado), y lo que hay por debajo es espacio *por recorrer* (futuro). Aparte de estos dos espacios, no hay lugar para un tercero que sirviera de referencia al propio *recorrer,* haciendo lugar al presente. Frente a esta opinión, la postura de Vātsyāyana es clara: el tiempo no se manifiesta en relación con el espacio, sino en relación con la acción.[4] El tiempo está en el hacer. La idea de un tiempo pasado (el tiempo que *ha estado cayendo* el fruto) la proporciona la propia acción de *caer* (presente), que a su vez garantiza su continuación (futuro). De hecho, el significado de *haber estado cayendo* se produce gracias al propio *caer,* y lo mismo podría decirse del *seguir cayendo*. Tanto en el pasado como en el futuro, el objeto se mantiene inactivo, mientras que en el presente se encuentra imbuido por la acción.

Lo que el presente muestra es la unidad de tiempo y acción. La sensación del pasado y la expectación ante el futuro es posible precisamente gracias a ese vínculo. Uḍḍyoṭakara, un comentarista medieval del *nyāya*, añade que esa unidad hace posible que un concepto tan escurridizo como el tiempo cobre sentido. De este modo, pasado y futuro no tienen una relación meramente relativa, como la tienen grande y pequeño o largo y corto. Las relaciones entre pasado y futuro se parecen más a

4. *Bhāṣya* 2. 1. 40 (Jha, 1984).

las relaciones entre el color y la textura, o el aroma y el sabor. Pasado y futuro no constituyen un par de opuestos. Si lo fueran, se supondría que uno depende completamente del otro, y no habiendo uno, no existiría el otro (no habiendo luz no habría oscuridad, etc.). Vātsyāyana concluye que el futuro no puede explicarse exclusivamente mediante el pasado ni a la inversa. Hace falta un presente activo para que dichas concepciones tengan sentido.

El presente puede ser reconocido mediante la presencia de las cosas o mediante una serie de actos coherentes. En el primer caso, vemos que allí hay un árbol (sustancia), que tiene las hojas verdes y lanceoladas (cualidad), que se agitan por el viento (movimiento). Sin el presente no sería posible concebir nada, ni siquiera el contacto entre los órganos de los sentidos, la mente y el objeto. Si uno de éstos faltara, la percepción no sería posible y sin ella serían vanos los otros medios de conocimiento: la inferencia *(anumāna)* y el testimonio verbal *(āgama)*. En el segundo caso, el presente se manifiesta al realizar una actividad que no es meramente perceptiva: se recoge agua, se pone a hervir, se limpia el arroz, se introduce en la vasija, etc. O se repite una acción, se levanta el hacha y se la deja caer repetidamente sobre el tronco. En ambos casos, lo cocinado o lo cortado es aquello sobre lo que se actúa, y dicha acción justifica la existencia del presente. De este modo se prueba la existencia y continuidad de la sustancia tiempo: como fundamento de la percepción o como expresión de una unidad de actos en la que se encuentran implícitos tanto el pasado como el futuro.

La hechura del espacio

En relación con el espacio, el pensamiento indio insistió en una idea complementaria a su concepción del tiempo como acto. Se tiende a considerar la conciencia como el factor que crea el receptáculo donde habitan los seres y no a la inversa, como se entiende en la concepción moderna del espacio. Esta idea será desarrollada fundamentalmente por el *sāṃkhya*, que hará de un principio intelectivo *(buddhi)* el fundamento del espacio y del tiempo, y por los budistas, que asociarán los diferentes ámbitos del espacio a los diversos estados mentales.

Ya sea en el caso del espacio o en el del tiempo, las cosmovisiones que presentamos ponen el énfasis en la continuidad frente a la escatología. La idea de un comienzo y final de los tiempos es extraña al pensamiento indio. Siendo esto así, la cuestión de si el mundo ha sido creado o existe por sí mismo se decanta generalmente por lo segundo. Algunos textos describirán el intervalo entre la disolución del cosmos y su posterior recreación mediante la metáfora del sueño. La energía creativa duerme en estado de semiconsciencia y, al despertar, el universo se despliega de nuevo.

La literatura *sāṃkhya*, junto a la budista, establecerán las concepciones del espacio y del tiempo que predominarán en la época clásica, ofreciendo una concepción de la vida consciente y del cosmos como un proceso de continuo crecimiento y disminución, de muerte y regeneración. Mientras que el tiempo cósmico es simétrico (los astros y los hombres vuelven cíclicamente), el tiempo de la experiencia consciente puede ser asimétrico. Ésa fue la gran aportación del budismo a la cosmología, que trazaría un mapa del tiempo basado en los estados mentales asociados a la meditación. Cartografiar el espacio es, para el budista, cartografiar la mente.

El *sāṃkhya* postulará una conciencia *(puruṣa)* acostumbrada a estar por encima de las cosas, pero que no quiere perderse la singular belleza de las transformaciones de la materia. Su virtud está contenida en su prudencia. Asiste y se recrea en una representación cuyo único propósito (según las metáforas habituales) es complacerla.

La soteriología mantendrá una contraposición entre la creación del mundo y la liberación del individuo que, como veremos, recorren una misma dirección en sentidos opuestos. Incorpora la idea, quizá de origen budista, de que la rueda de la vida mantiene su giro gracias al impulso de la ignorancia, la sed y la actividad consciente.[5] Predomina la idea de la liberación como reintegración a la unidad original, aunque el budismo no compartirá esa nostalgia del origen tan representativa de la mitología brahmánica.

Dos orientaciones

Lo sensible, según se sabe, permite dos tipos de ensimismamiento, respecto al objeto percibido o respecto al hecho mismo de percibir. En el primer caso, somos atraídos por lo que nos rodea y, si queremos profundizar en esa dirección, debemos ol-

5. *MB* 3. 2. 67-68.

vidarnos hasta cierto punto de nosotros mismos. En el segundo, el mundo exterior sólo colorea y da forma al reconocimiento mismo de la percepción, adquiriendo un papel secundario, auxiliar, a una actividad sensible reflexiva. Puede decirse que toda filosofía se recrea en una de estas dos tendencias y, aunque en el pensamiento europeo no faltan buenos ejemplos del ensimismamiento en la percepción (Berkeley, Hume), es ésta quizá la actitud predominante en el pensamiento indio, que también ofrecerá ejemplos de la primera, como en la filosofía de la escuela *nyāya*.

Aun a sabiendas de que no hay modo de salir del círculo de la percepción —«La retina y la superficie cutánea invocadas para explicar lo visual y lo táctil son, a su vez, dos sistemas táctiles y visuales» (Gustav Spiller)—, las sociedades tecnológicas modernas se han caracterizado por el desarrollo de los mecanismos de percepción externa. Vemos el rastro que las partículas elementales dejan en las cámaras de burbujas, observamos cómo el fotón atraviesa dos rendijas al mismo tiempo, los radiotelescopios nos permiten escuchar la radiación cósmica de fondo. Y, civilizacionalmente, podría decirse que estos avances no son independientes de un descuido de los mecanismos de percepción interna.

Un buen ejemplo a este respecto lo encontramos en la escuela *sāṃkhya* y en la metafísica que hay detrás de sus técnicas para la autorrealización. Para el *sāṃkhya*, el origen está siempre presente, en cada reflexión, en cada acto cognitivo, en cada pensamiento. Plotino decía que el alma abandona el tiempo cuando se recoge en lo inteligible; pues bien, para el *sāṃkhya* el espíritu *(puruṣa)*, una conciencia pura y sin contenido, se encuentra fuera del tiempo pero es testigo y fin de cada uno de los esfuerzos del devenir consciente. Y el sujeto, cuando reflexiona, lo hace *en* y *desde* el origen. Con el *sāṃkhya*, el universo se llena de testigos ocultos a los que la materia, en su infinita capacidad de creación y diversificación, trata de complacer. La conciencia se recrea con las escenificaciones de la materia y se deja seducir por ella. Esta conciencia original no es una parte del tiempo, pero lo acompaña continuamente. De hecho, los propios objetivos de esta metafísica en cuanto filosofía de la vida consisten en llevar a efecto y a la realidad el origen (el *puruṣa*) y el presente (el tiempo) como integridad, logrando así superar las servidumbres de lo temporal.

Estas cosmologías permiten revisar la manera en que la antigua India enseñaba a ponderar el entorno cósmico. No estamos ante mitos pintorescos o caprichosas especulaciones, ni se nos exige que aceptemos sin reticencias los diferentes mapas del tiempo, simplemente se nos invita a reconsiderar los modelos, algunos ciertamente ingeniosos, que ofrecieron las diversas épocas. Sus intuiciones podrían, en el mejor de los casos, contribuir a reorientar la idea del cosmos que tenemos hoy.

I. El periodo védico

Ley natural

La especulación india en torno al cosmos se remonta a un cuerpo antiguo de literatura oral conocido como el *Veda,* que habría sido revelado a esclarecidos sabios de la Antigüedad y preservado, de padres a hijos, por distinguidas familias de brahmanes. Los textos sagrados de la tradición hindú se denominan *śruti* (aquello que fue escuchado) para distinguirlos del acervo de conocimientos preservados por la tradición, llamados *smṛti* (aquello que se recuerda). Los sabios del pasado *(ṛsi)* supieron «escuchar», en su fuero interno y gracias a una desarrollada percepción, el contenido de este corpus y lo transmitieron fielmente a sus discípulos. La filosofía del brahmanismo se desarrollaría como un intento de sistematizar, profundizar y organizar los contenidos de cuatro colecciones de himnos: *Ṛgveda, Yajurveda, Sāmaveda* y *Atharvaveda*. Aunque la mayoría de sus estrofas constituyen alabanzas a los dioses, fórmulas rituales y cantos litúrgicos, también encontramos en ellos las primeras especulaciones cosmogónicas, que posteriormente serían desarrolladas en los *brāhmaṇa*, un género literario de carácter litúrgico, y en los textos narrativos y especulativos de la *Literatura de las correspondencias* (*upaniṣad*).

La idea de una ley natural en el periodo védico se configura en torno a dos ejes. En su aspecto especulativo funciona como representación del orden cósmico, como modelo de la estructura y composición del universo; y en su aspecto pragmático sirve de base a juicios normativos y morales, utilizándose como modelo de organización social y de las etapas de la vida humana. La asociación de estos dos aspectos, como veremos, hace posible la participación humana en el orden cósmico, fundamentalmente mediante el ritual, y otorga confianza y estabilidad al tejido social, considerado parte de un orden más amplio y significativo que rige el universo en su conjunto. Estos dos aspectos fueron compartidos por otras culturas antiguas en las que todavía no se había producido la escisión entre naturaleza y cultura. El orden cósmico en India, *ṛta* en sánscrito y posteriormente *dharma,* tiene sus paralelos en el antiguo Egipto con el concepto de *maat,* en la tradición grecorromana con *moira, logos* o *heimarmenē,* en el taoísmo chino con la idea del *tao, qismah, sharī'ah* en el islam, alcanzando la edad moderna con el concepto de *jus naturale* de Hugo Grotius.

Los primeros indicios de la idea de un orden cósmico que encontramos en la literatura védica aparecen en el *Ṛgveda* (*ca.* 1200-900 antes de nuestra era), y desde entonces se irán desarrollando hasta constituir uno de los fundamentos de la tradición hindú.[1] El término utilizado es *ṛta,* que designa la ley que

1. La literatura védica constituye el corpus de textos más antiguo de la civilización india. La palabra *veda* significa «conocimiento» y generalmente se entiende por literatura védi-

gobierna el orden natural, el curso de las cosas en general y el orden cósmico. De este término se desprende, en la literatura posterior, un concepto que tendrá mucha más importancia en el pensamiento indio: el concepto de *dharma,* que adquiere usos derivados como el de *ley divina, realidad, verdad* y, en el orden social, *lo propio, lo justo* y *lo correcto,* extendiéndose su significado hasta la usanza y la costumbre y, cuando se refiere a la conducta humana, a la virtud. El concepto combina las prerrogativas de una ley universal al tiempo que sirve de denominación a una propedéutica soteriológica (las condiciones necesarias, aunque no suficientes, para la liberación) tanto del budismo y el jainismo como del brahmanismo. Se integran así tres niveles de significado. El primero hace referencia a la ley natural o el orden universal; el segundo, a los principios normativos que rigen órdenes morales y sociales mediante los que se interpretan las acciones humanas, y el tercero, al conjunto de instrucciones y prohibiciones que gobiernan la vida social y ritual. La literatura védica posterior se esforzará en establecer las diferentes correspondencias entre estos tres niveles. De hecho, el término sánscrito para lo que comúnmente se conoce como brahmanismo (conjunto de tradiciones precursoras de lo que más tarde se denominaría hinduismo) es *sanātanadharma,* literalmente: *ley eterna,* refiriéndose tanto al orden y constitución del cosmos como a los principios que

---

ca a cuatro colecciones *(saṃhitā)* diferentes: *Ṛgveda:* estrofas de alabanza y celebración, *Yajurveda:* fórmulas rituales, *Sāmaveda:* cantos, y *Atharvaveda:* taumaturgia. A estas colecciones, en su mayoría en verso, hay que añadir sus comentarios en prosa: la literatura litúrgica de los *brāhmaṇa* y otras colecciones de textos más filosóficos y especulativos: *āraṇyaka* y *upaniṣad.*

gobiernan la conducta humana y las actividades sociales y rituales.

El *Ṛgveda*

El *Ṛgveda* contiene más de un millar de himnos agrupados en diez libros *(maṇḍala)*. Según la tradición, fueron revelados a siete sabios de la Antigüedad. Diversos linajes de brahmanes se encargarían de su preservación y transmisión. Aunque gran parte de estas composiciones son invocaciones a los dioses para que asistan a la oblación del Soma en el fuego sacrificial, los libros primero y décimo registran las primeras especulaciones en torno a la naturaleza del tiempo, el espacio y la creación del mundo. Algunos himnos se dedican a personificar diversos aspectos del mundo natural. Entre los principios femeninos, se encuentran la diosa de la Tierra (Pṛthvī), el Espíritu de la noche (Rātrī), la diosa de la Aurora (Uṣas) y la Señora del Bosque (Araṇyāni), aunque ninguno de ellos desempeñaría un papel significativo en el culto. Entre los «resplandecientes» *(deva)*, el más prominente fue sin duda Indra, dios de la guerra y del clima, divinidad escandalosa y amoral, aficionada a las fiestas y la bebida, matador de gigantes y cabalgador de tormentas. Asociados con el curso del sol, su energía y resplandor, encontramos en primer lugar a Sūrya, que surca los cielos en su flamante carro, a Savitṛ y a Pūṣan. Agni representa el fuego, siendo el patrón de la clase sacerdotal que tenía tratos con él, tanto en el sacrificio público como en la intimidad de los hogares. Funge de mediador entre los dioses y los hombres ya que consume el sacrificio de éstos y se lo entrega a aquéllos. Mora en los cielos en forma de rayo y en las profundidades de los volcanes. Sin embargo, los primeros indicios de un orden cósmico vinculado a un orden moral aparecen en el *Ṛgveda* asociados a la figura de Varuṇa.

Varuṇa se encarga de proteger el orden universal *(ṛta)*, preserva y consolida las leyes que rigen los cielos y la tierra y, al mismo tiempo, guarda el orden moral. Su figura representa la fusión de lo ético y lo cósmico, tan característica de la civilización india. En ocasiones aparece como la divinidad suprema: dios de dioses, y se le asignan funciones como la de hacer brillar el sol, mantenerlo en el firmamento y guiar el curso de la luna y las estrellas. En su aspecto omniabarcante, se asocia con el océano y el aspecto ácueo del espacio interestelar. También gobierna las aguas, dirige el flujo de los ríos, los deshielos y las mareas, papel al que quedará limitado en la mitología de los *purāṇa*.[2] Además ejerce tareas de juez. Todos los seres temen y veneran la conciencia omnisciente de Varuṇa, nada ocurre sin que él lo sepa. Ningún secreto, humano o divino, se le escapa. Detecta la falsedad y la veracidad allí donde se manifiestan. Es, éticamente, el dios supremo. Se le rinde culto con un estado de ánimo diferente al que acompaña a otras oblaciones. Ofrecerle un sacrificio no garantiza el éxito. Temeroso de su ubicuidad vigilante, el poeta se embadurna con cenizas, viste una arpillera y pierde la jovialidad y confianza con la que se dirige a otros dioses.[3] Desde la perspectiva védica, la recita-

2. Para un detallado análisis del corpus védico: Gonda (1975).
3. Basham (2009, 354). El principal objetivo del sacrificio era complacer a los dioses

ción de los himnos, gracias al poder inherente de los mantras, contribuye a preservar el orden cósmico. Estas energías deben ser cuidadosamente protegidas. Cualquier error u omisión en la transmisión puede desencadenar sucesos infaustos que alteren gravemente el orden natural. Para evitar la profanación o divulgación entre aquellos no iniciados en el *Veda,* la transmisión se realiza oralmente y en privado, entre maestro y discípulo, utilizando sofisticados métodos mnemotécnicos y de control.

Los dioses son, en el *Veda,* los amigos del misterio. Un misterio del que participan los hombres mediante el ritual. La esfera de la palabra tiene cuatro rodajas, tres de ellas están reservadas a los sacerdotes, la cuarta al hombre común. El *hotar* hará proliferar su valor mágico recitándola, el *adhvaryu* murmurándola, el *udgātṛ* cantándola. El *hotar* (raíz *hotṛ:* «que sacrifica») es uno de los cuatro sacerdotes principales del sacrificio. Se ocupa de recitar los versos del *Ṛgveda* para invocar a los dioses. Se sitúa al norte del altar y mirando hacia el este.

El *adhvaryu* tiene la función de indicar el camino, de guiarlo mediante fórmulas rituales extraídas del *Yajurveda.* El *udgātṛ* dirige la coral, se encarga de entonar el *udghīta,* canto sagrado cuya melodía *(sāma),* procedente del *Sāmaveda,* tiene el poder de conseguir el fruto deseado. El cuarto es el *brahman,* encargado de supervisar toda la representación ritual, corrigiendo los errores que pudieran producirse mediante invocaciones suplementarias. Toda la liturgia está destinada a sujetar la voluntad

---

e incitarlos a que cumplieran los deseos humanos. Los dioses descendían hasta el altar védico, bebían y comían con los devotos y los recompensaban con éxitos en sus diferentes empresas (guerra, familia, riquezas, longevidad).

de los resplandecientes a la voluntad humana, a que los dioses cedan a la insinuación de la palabra sagrada. Los dioses no exigen templos, exigen sacrificios. Estos sacrificios reproducen el deseo primigenio, un deseo de compañía. La entrega del Sí, cuya soledad y calor ascético incubó el mundo. La ceremonia no es sólo simbólica, toca y revitaliza la realidad, reproduce el movimiento original en el que el Uno quiso ser dos, diversificarse, contemplar el mundo a través de los seres. Todo sacrificio es sacrificio del Sí mismo. Los budistas, mucho tiempo después, llevarían esta idea hasta sus últimas consecuencias, negando la naturaleza propia del individuo, reduciéndolo a fenómeno en busca de noúmeno.

Aunque las colecciones de himnos se ocupan fundamentalmente del ritual, del culto y la alabanza a los dioses, también contienen referencias a un principio metafísico denominado *ātman*. De nuevo encontramos diferentes niveles de significado. Para los exégetas, el *Veda,* ya sea en su conjunto o en un pasaje concreto, puede interpretarse según tres categorías: con referencia a la ejecución del ritual *(adhiyajña),* con referencia a las deidades *(adhidaivata)* o con referencia al *ātman (adhyātma).*[4] Las tendencias especulativas posteriores desarrollarían esta tercera vía, y los mantras serían considerados alegorías filosóficas de un principio único, del mismo modo que las diversas divinidades pasarían a ser manifestaciones diversas del Uno. La *Literatura de las correspondencias* (*upaniṣad*) reiterará posteriormente la necesidad de experimentar, de manera

4. Gonda (1975, 45).

directa, aquello que es fundamento del mundo empírico. Subyace en ella la creencia de que los sabios de la Antigüedad *(ṛsi)* trascendieron el ámbito de la experiencia común, superando las limitaciones del espacio-tiempo y vislumbrando, mediante la intuición, el fundamento de lo real. Las cuatro colecciones *(saṃhitā)* se consideran el registro de dichas intuiciones. Los textos del *Ṛgveda* hacen referencia a la naturaleza de la inspiración de los *ṛsi,* y al modo en el que su experiencia revela lo real. El bardo se compara a un ave que aguarda la entrada de la presa en su campo visual.[5] Esa presa no es otra que el lenguaje inspirado *(vāc),*[6] descrito como radiante, custodiado por los sabios en el asiento de *ṛta* (el orden cósmico), y reflejo del universo en el corazón humano.[7]

Se fragua así una conciencia de reciprocidad y correspondencia: quien ama a los dioses es amado por ellos.[8] Siendo posible propiciar el retorno cíclico de la inspiración poética, cuyo origen descansa en *ṛta*. La inspiración es causa y efecto de los himnos, pues aunque derivan de ella, éstos a su vez contribuyen a preservar el orden cósmico y regenerarlo. El poeta, beneficiario de las fuentes de la energía primordial, contribuye al mismo tiempo a su mantenimiento, coparticipando de su impulso original.

5. *ṚV* 1. 88. 4.
6. *ṚV* 1, 164, 39-45. De *vāc,* la palabra inspirada, también se dice que se une a *ṛta* (*ṚV* 8. 76. 12).
7. *ṚV* 6, 9, 4; *ṚV* 9, 1, 6; *ṚV* 10, 189, 3.
8. *ṚV* 1, 62, 11.

> Así, Indra,[9] Agni[10] y la pareja de deidades Mitra y Varuṇa,[11] junto con otros dioses, hacen de mediadores de la visión del poeta y son su fuente; se les implora para que favorezcan de nuevo la inspiración, para que hagan vibrar la mente, desencadenando el pensamiento emotivo *(manīṣā),* para que hagan perfecto el producto de la visión y ésta logre su objetivo, así como para que protejan al que la experimenta. A Soma se le denomina el «Señor de la visión», sin duda porque se le supone la capacidad de otorgar la inspiración. El poeta espera que Sarasvatī, la diosa-río que en el periodo védico se identifica con el habla *(vāc),* le otorgará «visión» *(dhī).*[12]

Desde una perspectiva histórica, es probable que el *Ṛgveda* fuera el resultado del sincretismo de numerosos cultos y creencias tribales, de modo que ninguna divinidad, ninguna fuerza natural, ningún principio cosmogónico, destaca claramente sobre los demás. Existe una conciencia clara de dicha pluralidad en uno de los himnos. «¿Quién será entonces el beneficiario de nuestras oblaciones?»[13] Siendo ese «quién» *(Ka)* el sujeto al que se dirige el himno.

9. *ṚV* 3, 34, 5; 6, 24, 6; 6, 34, 1; 7, 18, 1.
10. *ṚV* 2, 9, 4; 4, 6, 1; 8, 3, 9.
11. *ṚV* 1, 105, 15; 8, 59, 6.
12. Gonda (1975, 67).
13. *ṚV* 10. 121.

El orden cósmico

Ya hemos aludido al término sánscrito *ṛta* como representación védica del orden cósmico. Ahondaremos ahora en sus cualidades. Lo regular es *ṛta,* el orden en el movimiento, el retorno de las estaciones del año, de las noches y las auroras. Dispuestos de acuerdo con *ṛta* vienen los vientos y las lluvias, el curso de los ríos y la rotación de los astros.[14] Sin embargo, sus ordenanzas no se limitan exclusivamente al orden natural. El orden ritual es seguimiento, participación y fidelidad a *ṛta*. El orden divino, protección, sostén y fortalecimiento de la fluidez cósmica. Dioses, ancestros y humanos tienen la obligación de difundir, elogiar y celebrar a *ṛta*. Todos ellos establecen y fijan el orden cósmico, velan por su cumplimiento y custodian su seguridad.[15] Aunque se trata de una entidad impersonal y no antropomórfica, las leyes del mundo no se consideran perpetuas e infalibles, requieren de la participación de los seres conscientes, ya sean dioses o humanos. No basta con que éstos se plieguen a sus dictámenes, sino que deben protegerlos y fomentarlos. La voluntad de manipulación de dicho orden se encuentra todavía lejos del laboratorio, es exclusivamente ritual, promoviendo sentimientos de adhesión y coparticipación. El *Ṛgveda* sitúa a los dioses subordinados y dependientes del orden cósmico. Los dioses han nacido de *ṛta,*[16] maduran y crecen según *ṛta,*[17]

14. *ṚV* 7, 87, 1; 10, 18, 5.
15. Análisis de *ṛta* en el *Ṛgveda* en Chelmicki (1999, 25-56).
16. *ṚV* 9, 110, 4; 8, 6, 10.
17. *ṚV* 9, 86, 32; 5, 65, 2.

tejen constantemente la trama de *ṛta*,[18] y son sus principales devotos y sostenedores.[19]

Se vincula así el orden cósmico y el orden moral (y por ende social).[20] El ritual (con su poder simbólico y su justificación mítica) se esfuerza por definir una realidad más allá del tiempo, repitiendo simbólicamente el acto original de la creación y, al mismo tiempo, buscando acceso a las fuentes de la energía primordial. Mediante su gesto paradigmático, el ritual restaura el tiempo original (simbólicamente coincide con él) y hace posible su renovación (el sacrificante abandona de forma eventual el tiempo de los mortales e ingresa en un ámbito que trasciende lo temporal). Las prácticas rituales adquieren así una dimensión cósmica, colaborando solidariamente con las divinidades del panteón védico.[21] Esta imbricación de lo cósmico y lo social, característica de los pueblos indoeuropeos, constituirá un lugar común en las concepciones políticas y protocientíficas de la civilización india. En este sentido, la verdad de *ṛta* confiere efectividad al ritual védico y sirve a la fundación del orden social justo, preexistente a los dioses e inherente al cosmos.

Ya se ha mencionado que *ṛta* es un antecedente del concepto de *dharma* (el orden social, la conducta adecuada, el bien en general), que tendrá un largo recorrido e influencia en las tradiciones brahmánicas, budistas y jainistas,[22] siendo precisa-

18. *ṚV* 1, 2, 8; 5, 67, 4.
19. *ṚV* 10, 86, 10. *ṚV* 5, 15, 2.
20. Estamos muy lejos del kantismo y de una idea que ha dominado toda la edad moderna. Aquí la razón práctica está en las cosas mismas, su naturaleza es ontológica, no epistemológica.
21. *ṚV* 7, 103, 9; 5, 12, 2; 10, 87, 11; 1, 105, 12.
22. Innumerables son las asociaciones que la filología ha establecido entre *ṛta* y otros

mente esa vinculación entre la estructura social y la estructura del universo la que permitirá a los hombres beneficiarse de dicho orden y acceder a sus poderes genésicos. Este hecho se manifiesta abiertamente en los propios procedimientos rituales, precursores de los laboratorios científicos modernos. La liturgia correcta encarna estructuras y procesos naturales, mientras que la realización incorrecta de dichas prácticas podría desencadenar catástrofes o desórdenes naturales (malformaciones congénitas, epidemias), siendo su adecuación al orden global del cosmos lo que permite a los hombres la apropiación de sus energías creativas y su identificación con ellas.

Tiempo cíclico

En los himnos que el *Ṛgveda* dedica a la Aurora (*Uṣas*), encontramos las concepciones más antiguas del tiempo cíclico.[23] Los sacrificios védicos se hallaban asociados al curso del día, el mes y el año, siendo realizados, respectivamente, dos veces al día, dos veces al mes y tres veces al año. El movimiento diurno servía de modelo y manifestación de orden natural y, al mismo tiempo, la Aurora, nacida de dicho orden, contribuía a protegerlo y perpetuarlo.[24] Una de las metáforas de dicha sucesión es la de un inacabable telar, tejido por dos doncellas sobre una trama de seis

conceptos de lenguas indoeuropeas. Entre ellas, están las que vinculan la palabra sánscrita *ṛta* con la palabra griega *harmos*, «armonía», asociándolo al *logos* de los estoicos.

23. Un estudio muy completo sobre el tema: González Reimann (1988).

24. *ṚV* 1, 113, 12.

clavijas.[25] La imagen reaparecerá en el *Mahābhārata,* donde un telar de hilos negros y blancos (los días y las noches) es puesto a girar mediante una rueda (el año) que mueven seis muchachos (las seis estaciones), y de este modo las doncellas convierten a seres pasados en seres presentes. Y «no es posible saber cuál va delante y cuál va detrás», sugiriendo que los días y las noches, como el año, no tienen ni principio ni fin.[26] Otras veces el tejido de los días y las noches se compara a la labor de la araña hilando su tela.[27]

El movimiento del sol establece el tercer ciclo importante: el ciclo anual. Se inicia en el momento en que el sol alcanza su declinación máxima al Sur, es decir, cuando se produce la noche más larga y el día más corto, en el solsticio de invierno. Tras recorrer su órbita, el sol regresa al mismo punto cumpliendo un ciclo completo. Hay otro momento importante de este recorrido, el solsticio de verano, cuando se produce el día más largo y la noche más corta. Según la interpretación de Renou, el himno 164 del primer *maṇḍala* hace referencia a este ciclo solar anual.[28] El sol establece la regulación del tiempo y su recreación anual se manifiesta en el ritual. El año se representa mediante una rueda *(cakra)* de 12 radios que simbolizan los meses, una rueda que «gira en el cielo sin desgastarse» y que contiene a sus «setecientos veinte hijos» (los días y las noches del año: 360 × 2).[29] El disco, que gira incansablemente y cuyo eje ni se calienta ni se quiebra, se asocia al orden cósmico *(ṛtasya cakraṃ).*

25. *AV* 10, 7, 42.
26. *MB* 1. 3. 147-151.
27. *KB* 19, 3.
28. Renou (1955-1965 vol. 2, 102).
29. *ṚV* 1, 164, 11.

La idea de trascender el tiempo para quedar fuera del alcance de su dominio se perfilará frente a ciclos más amplios, como la periódica recreación y disolución del cosmos.[30] Se asocian así la existencia humana, sujeta a la transmigración, con la evolución cósmica. El universo, como el hombre, renace y se disuelve periódicamente y la liberación *(mokṣa)* se concibe como la superación de dicha alternancia. Mientras la cosmogonía ritual considerará necesaria la periódica renovación del mundo (función que realiza el sacrificio), las doctrinas soteriológicas buscarán trascender dicho orden.

También la salida y puesta del sol se entienden como renacimiento y muerte, estableciendo una nueva correspondencia entre el microcosmos y el macrocosmos y asociando los ciclos astronómicos con los biológicos.[31] Posteriormente se dirá que el universo respira como el hombre, y su evolución e involución se equipara a la exhalación e inhalación del aire vital.[32] Algo parecido ocurre con el ciclo lunar, en el que la luna renace y se desvanece periódicamente, marcando el curso de las estaciones.[33] Este curso tendrá una importancia especial, pues establece el calendario ritual de oblaciones y sacrificios, al tiempo que configura las divisiones del zodiaco, establecidas mediante las «mansiones lunares» *(nakṣatra)*, que se cuentan por 27 (posteriormente 28), sirviendo de indicadores del momento propicio para ceremonias públicas y privadas.

Tanto el ciclo solar (anual) como el lunar (mensual), así como

30. *ŚB* 10. 2. 6. 4.
31. *ṚV* 1. 164.
32. *ŚB* 8. 1. 4. 10.
33. *ṚV* 10. 85. 18-19.

el debido al movimiento diurno, se subdividen en una mitad ascendente y otra descendente, asociadas a la luz y la oscuridad. El punto de inflexión entre ambos adquirirá una importante significación ritual. Se trata de un momento crucial en el que los hombres participan del entramado del universo, ayudando a su preservación y regeneración. El ciclo anual asciende con el aumento de luz, cuando los días se alargan. La mitad ascendente se denomina *uttarāyaṇa,* cuando el sol avanza hacia el Norte, y la mitad descendente recibe el nombre de *dakṣiṇāyana,* cuando el sol se dirige hacia el Sur. El lunar lo marca el crecimiento de la luna, desde la luna nueva hasta el plenilunio. A la mitad ascendente de dicho ciclo se le denomina *Śukla* (blanco) *pakṣa* y a la descendente *kṛṣṇa* (negro) *pakṣa*. El término *pakṣa* (literalmente, «ala» o «medio») hace referencia a medio mes. Esta división del año en 24 medios meses es común en la literatura de los *brāhmaṇa*.[34] Respecto al movimiento diurno, la mitad ascendente comienza a medianoche, cuando el sol se encuentra en su punto más alejado por debajo del horizonte y termina a mediodía. En este punto se inicia la declinación de la luz, que concluye a medianoche. El *Śatapathabrāhmaṇa* asocia la mitad ascendente a los «resplandecientes» *(deva),* que representan la luz, y la mitad descendente a los ancestros *(pitṛ),* que encarnan la oscuridad, mientras que el mediodía se reserva a los hombres.[35] Por esta razón, los dioses se asocian con el sol y los ancestros con la luna.

El punto de inflexión en los tres ciclos citados (diurno, mensual y anual) se sitúa en el atardecer, la luna llena y el solsticio

34. *ŚB* 10. 4. 2. 18; *AB* 3. 39; *KB* 19. 8.
35. *ŚB* 2. 1. 3. 3.

de verano respectivamente. Estos puntos de inflexión constituyen momentos críticos en los que está en juego la continuación del ciclo. Así como el Sol fue creado mediante el sacrificio original, su nacimiento diario dependerá de la repetición ritual de dicho sacrificio, mediante la ceremonia denominada *pravargya,* de la que da cuenta el *Ṛgveda.*[36] Una situación similar ocurre al final de cada ciclo anual (el solsticio de invierno), momento en el cual las fuerzas del caos amenazan con irrumpir en el mundo y se hace necesario rescatar al sol de la oscuridad del inframundo mediante el sacrificio. Tanto en los *brāhmaṇa* como en la literatura posterior, los rituales matutinos y vespertinos, así como los de la luna llena y la luna nueva, adquirirán una particular importancia, pues dichos puntos de inflexión fungen de umbral a lo eterno, que se encuentra más allá del yugo del tiempo.

Tiempo y fortuna

La palabra sánscrita para caracterizar grandes periodos de tiempo es *yuga*. El término, que aparece ya en el *Ṛgveda,* significa por un lado «generación» y, por extensión, «edad o era». Los himnos hacen referencia a un progresivo deterioro de la moralidad conforme evoluciona el universo. «Llegarán edades en las que los hermanos de sangre no se comportarán como hermanos».[37] Posteriormente, en las épicas, los *purāṇa* y los

36. *ṚV* 1. 164. 26-30.
37. *ṚV* 10. 10. 10.

tratados de ciencia astral *(siddhānta)* de la época clásica, la palabra *yuga* se referirá a cada una de las cuatro eras del mundo: *kṛta, tretā, dvāpara* y *kali,* o bien a la suma de todas ellas, en cuyo caso recibe el nombre de *mahāyuga*. Pero *yuga* tiene también otra acepción, más relacionada con su etimología (raíz *yuj*), cuyo significado es «yugo» o «yunta» y hace referencia al establecimiento de una unión, de ahí que en los manuales de astronomía signifique «conjunción».

Los nombres de las cuatro *yuga* se encuentran asociados con las diferentes tiradas del juego de dados, que probablemente tuvo cierta relevancia política en la antigüedad india. Los *brāhmaṇa* mencionan que en la ceremonia de coronación *(rājasūya)* el rey debía demostrar su fortuna a los dados.[38] En la gran épica india, el *Mahābhārata,* el conflicto entre los clanes Kaurava y Pāṇḍava, lo desencadena una desafortunada partida de dados.[39] Es posible que estas cuatro jugadas tengan una relación simbólica con fases venturosas y menos venturosas del tiempo, con el ir y venir de la fortuna, como sugiere el himno del *Ṛgveda* dedicado a los lamentos del jugador, que ha perdido sus posesiones, su esposa y sus amigos debido a su adicción al juego.[40] En él se mencionan las reglas inmutables del dios Savitṛ.

> […] las reglas o leyes del dios Savitṛ —quien posiblemente sea una representación del sol del amanecer y del atardecer, o del poder visualizante del astro diurno— seguramente son las leyes

38. *ŚB* 5.4.4.6.
39. *MB* 2.43-72.
40. *ṚV* 10.34.

> que hacen que el sol salga y se ponga; que cumpla con sus ciclos. En todo caso, sin duda se trata de leyes naturales, de leyes cósmicas, y lo que dice este verso del *Ṛgveda* es que los dados también obedecen a leyes inmutables que están más allá del control de los humanos, y más cerca del mundo de los dioses. Las fuerzas que controlan el movimiento de los dados son, entonces, una expresión más de las leyes naturales, a las cuales está sujeto el tiempo con sus diversos ciclos. Podríamos decir que así como los dados al moverse funcionan como agentes de la fortuna y el destino, de la misma manera las *yuga* —y todos los ciclos del tiempo— giran incesantemente señalando el destino del mundo.[41]

Esa asociación entre las eras del tiempo (propicias o nefastas) y el destino de los seres conscientes, «los dioses se mueven como los dados, ellos otorgan la fortuna y la quitan»,[42] se desarrollará más tarde, como veremos, en la literatura soteriológica. El nombre de estas cifras fue transferido a las *yuga*. «En este juego de azar, el número ganador era *kṛta:* un número divisible por cuatro, sin resto. Le seguían *tretā* y *dvāpara*: respectivamente, las cifras que dejaban un resto de tres y de dos. En tanto que la cifra que perdía, *kali,* el "número del perro", era aquella en que quedaba un resto de uno, el residuo irreductible». La primera *yuga, kṛta,* se considera la más dichosa y perfecta, en ella reinan la verdad y el entendimiento, mientras que en las subsiguientes esa excelencia se va perdiendo hasta llegar a nuestra era actual, *kali,* asediada por los conflictos y la ignorancia. Cuanto más

41. González Reimann (1988, 69). *ṚV* 10. 38. 4.
42. *ṚV* 10. 116. 9.

avanza *kali*, más claramente se anuncia la disolución *(pralaya)* del cosmos.[43] La duración de la vida humana va decreciendo conforme avanzan las *yuga*, mientras avanza la decadencia del *dharma*. Según esta concepción, el universo se encuentra en una fase de involución. Nos hallamos lejos de las concepciones evolutivas del tiempo, que no progresa, sino que se repliega acuciado por la necesidad de su propia renovación.

Cosmogonías

Aunque encontramos algunas metáforas sobre el origen del mundo en himnos antiguos, los principales relatos cosmogónicos del *Ṛgveda* aparecen en los libros más tardíos (el primero y el décimo). Los himnos octogésimo primero y segundo del décimo *maṇḍala* hacen referencia al Uno, identificado con Viśvakarman. El primero elogia al creador del mundo y describe su actividad mediante las metáforas del herrero, el alfarero, el arquitecto y el ejecutor del ritual; mientras que el segundo lo asocia con lo no nacido, en alusión a su eternidad. Pero sin duda el himno especulativo que tendrá una influencia más duradera es el centésimo vigésimo noveno de este mismo libro, quizá el más acabado y coherente del género. Cuidadoso en la lírica, será objeto de sistematización filosófica en el *vedānta*. En él, la diversidad del mundo, con sus parejas de opuestos: el día y la noche, la vida y la muerte, el espacio y el tiempo, el

43. Calasso (1992, 369).

agua y el aliento primordial, surgen en la evolución cósmica a partir de un estado original indiferenciado. Aunque no se dice de manera explícita, el texto hace referencia a la formación de los diferentes elementos a partir del flujo primigenio, la formación progresiva del orden a partir del caos y la separación del cielo y la tierra. De manera sugerente, el bardo ofrece una serie de enigmáticas imágenes: «el Uno indistinguible respiraba sin aliento. No había otro además de Él. Envuelto en la oscuridad, estaba el universo en sus comienzos. Y algo se agitaba en él. Rodeado de vacío, ni siquiera los dioses existían. Su inquietud interna produjo la primera diferenciación». El narrador cierra el himno de manera irónica, aludiendo a la imposibilidad de conocer la naturaleza de dicha creación, sugiriendo que ni siquiera el mismo creador sería capaz de dar cuenta de ella. Encontramos por primera vez una voluntad de eludir explicaciones teológicas o mitológicas. Posteriormente, la filosofía del *vedānta* encontraría aquí el fundamento para sus edificios especulativos.

Pero el himno cosmogónico por excelencia es el *Puruṣasūkta,*[44] que terminará por convertirse en la piedra fundacional de la filosofía *vaiṣnava*. Estos y otros himnos de naturaleza especulativa del libro décimo del *Ṛgveda* (como el *ṚV* 121, dedicado al Innombrable) constituyen los fundamentos de las especulaciones cosmogónicas del *Atharvaveda,* los *brāhmaṇa* y las *upaniṣad*, donde se presta una especial atención al origen del universo, continuamente recreado en cada acto ritual y a cuya

44. *ṚV* 10. 90.

preservación y renovación está destinada la actividad sacerdotal. El *Puruṣasūkta* supone la primera expresión de la idea de que la creación del universo implica una autolimitación del Uno. Mediante ésta, un ser primordial de características antropomórficas, el *puruṣa,* que «lo es todo», se manifiesta a sí mismo en el ámbito de la experiencia, y su acto de creación se presenta como un sacrificio. El desmembramiento del *puruṣa* da lugar a los diferentes constituyentes del universo físico y social. De su mente surge la luna, de sus ojos el sol. De otras partes de su cuerpo surgen divinidades que representan diferentes fuerzas de la naturaleza: el fuego (*Agni*) de su boca, el aliento vital (*Vāyu*) de su respiración. De sus miembros surgen las diferentes clases sociales; de su boca, los brahmanes; de sus brazos, los *kṣatriya*; de sus rodillas, los *vaiṣya*, y de sus pies los *sūdra*.

Algunos investigadores advierten en el *Ṛgveda* una división tripartita del universo, aunque es posible que una división más antigua lo dividiera en dos mitades complementarias: el cielo y la tierra, denominadas *Dyaus* y *Pṛthivī* respectivamente.[45] La tierra es femenina y el cielo masculino, figuras posiblemente de origen indoeuropeo asociadas con el padre y la madre del mundo. La división tripartita se estructura en tres ámbitos: la tierra, el espacio intermedio y el cielo, *bhūr, bhuvaḥ y svar* respectivamente. Los antiguos comentaristas del *Ṛgveda* asociaban a los dioses a uno de estos tres ámbitos. En los textos que suceden cronológicamente a los vedas, la literatura de los

45. Gombrich (1975, 112-113).

brāhmaṇa, no encontramos una cosmografía elaborada. Se utiliza la metáfora de la tortuga para describir el espacio cósmico, cubierto por una bóveda (el cielo) y con un fondo plano (la tierra). La *Chāndogyaupaniṣad* utilizará la imagen del huevo cósmico, cuyas dos mitades de oro y plata representan el cielo y la tierra. La metáfora tendrá acogida en la literatura posterior con el «huevo de Brahmā» *(brahmāṇḍa)*, que se convertirá en epíteto del universo.

Literatura de las correspondencias

A pesar de las insinuaciones y metáforas de las colecciones de himnos y de los textos litúrgicos *(brāhmaṇa),* puede decirse que el despertar de la especulación cosmológica en India surge de las tradiciones del bosque (*upaniṣad*, *āraṇyaka*). Los textos que han sobrevivido de estas tradiciones orales siguen ocupando un lugar de excelencia en el pensamiento hindú y todavía son objeto de comentarios en la filosofía contemporánea. No sabemos quiénes fueron sus autores, algunos de los más antiguos *(Bṛhadāraṇyaka, Chāndogya* y *Kauṣītaki)* son seguramente antologías de diversa procedencia. En ellos se recogen las enseñanzas de Yājñavalkya, Uddālaka y Janaka en forma de diálogos, instrucciones o debates. Entre estos maestros se encuentran algunas mujeres, como Gārgī y Maitreyī, que participan activamente en disputas teológicas y filosóficas.

La palabra sánscrita *upaniṣad* significa «correspondencia», «enlace» y también «equivalencia». Ese enlace hacía posible el ritual y lo justificaba, sirviendo de presupuesto teúrgico a su eficacia, mientras que las *correspondencias* darían lugar a las imágenes y conceptos del pensamiento especulativo. Según esta literatura, los diferentes elementos de lo existente, *prima facie* independientes, guardan ciertos vínculos secretos que la ciencia de las *upaniṣad* irá desvelando y cartografiando. Un arte del descubrimiento y la detección de las afinidades que constituyen la urdimbre del mundo. Y dado que su sabiduría consistirá en profundizar en dichas afinidades y transmitirlas, el término *upaniṣad* acabará significando también «doctrina secreta» y «rito».

Las *upaniṣad* fueron editadas, memorizadas y conservadas oralmente por las distintas ramas o escuelas de transmisión y, en el caso de las más antiguas *(Bṛhadāraṇyaka* y *Chāndogya)*, podemos situarlas antes del nacimiento del Buda. Uno de los aspectos más interesantes de estos textos (que se reproducirá luego en el *mahāyāna*) es que la ética no es un fin en sí misma, sino sólo una vía de acceso (una propedéutica) a estados de conciencia liberados de las ataduras de lo contingente.

Las tres grandes preocupaciones del pensamiento védico fueron el ritual, la cosmología y la condición humana. El ritual establecía la conexión, mediante ceremonias, conjuros, oraciones y cánticos, entre lo cósmico y lo humano. Su lógica no establecía distinción alguna entre los dioses y las energías del cosmos, de modo que cosmología y mitología se fundían en una única ciencia, encargada de encontrar las conexiones entre estos tres ámbitos, descifrando los signos que los vinculan y que permitirán, manipulando uno, alterar el otro. Esto se hacía fundamentalmente a través del ritual, pero también a través del cuerpo como imagen reflejada del cosmos. Se va abriendo paso así la figura del asceta, como laboratorio fisiológico que utiliza el propio cuerpo para las operaciones que antes se realizaban en el altar. De modo que no resultaría arriesgado decir que el universo ritual de los *brāhmaṇa*, que ambiciona la manipulación de las energías cósmicas, da paso a otro tipo de ceremonia, corporal y especulativa, que va tomando forma en las *upaniṣad*. De la especulación centrada en el ritual pasamos a la especulación centrada en la transmisión: una instrucción o enseñanza esotérica que pasa de maestro a discípulo. Aunque no faltan las especulaciones rituales y cosmológicas, puede decirse que el tema central de las *upaniṣad* es lo humano: la constitución del cuerpo, sus energías vitales y sus facultades cognitivas. Las relaciones entre el propio organismo, incluida la mente y el lenguaje, y ese otro organismo que es el cosmos.

Algunas estrofas del *Ṛgveda* mencionaban una entidad denominada *brahman* que en la *Literatura de las correspondencias* se convertirá en uno de los ejes centrales de la especulación filosófica. El término *brahman* significó en el brahmanismo antiguo el poder del ritual, «sin que hubiera nada más antiguo o más brillante», como dice un viejo texto, pero con el tiempo llegaría a convertirse, en manos de los filósofos, en la esencia del universo, en el verdadero Ser que anima todo fenómeno y toda apariencia. Para algunos —dice el *Bṛhadāraṇyaka*—, el *brahman* es el habla; para otros, el aliento vital, el ojo, la mente y el corazón, pero en realidad, dice el sabio, es el sostén último de todos estos fenómenos. El *brahman* no es sólo la esencia del ritual del mundo, sino que constituye también la esencia del Sí *(ātman)*, en el que moran todos los seres, lo verdadero en la persona más allá de su constitución aparente.

Ciertos pasajes asocian el *brahman* con el poder inherente a la entonación de los salmos, aunque su significado se amplía frecuentemente al de una energía cósmica inherente a todo lo creado, que impregna el espacio y el tiempo e impulsa el desarrollo de todos los fenómenos y formas de existencia. La afinidad entre *brahman* y el lenguaje sagrado confirió a la pronunciación de las sílabas un carácter teúrgico y las letras del alfabeto sánscrito pasaron a personificar diferentes aspectos del cosmos. Algunos himnos védicos conciben el universo primordial como sonido puro. Antes de la luz y la materia, el sonido habitaba y configuraba el espacio, se hacía sitio. El sonido precursor de la luz, la música madre de la astronomía y la biología: estamos hechos de armonías, por eso la música nos conmueve. ¿No habría de ser entonces oral esta tradición de pensamiento? ¿No habría de descansar en dicha transmisión sonora la esencia de su entendimiento del mundo? El *habla (vāc)* no es meramente un principio de inteligibilidad, sino el proceso mediante el cual el mundo se hace inteligible (y en este sentido es pariente cercano del *logos* griego). Y se dirá que *vāc* es al mismo tiempo el hablante, la palabra, lo nombrado y el receptor del significado. Siendo además la herramienta indispensable que permite conocer los textos de la tradición, los antiguos relatos y ritos y las diferentes ciencias. Sin ella no podría distinguirse el bien del mal, la verdad de la falsedad, lo justo *(dharma)* de lo injusto *(adharma)*.[46]

El poder del habla en la literatura védica, la naturaleza íntima del lenguaje, es una diosa que hace sabios a los hombres. Un

46. *CU* 7. 2. 1.

medio a través del cual se manifiesta la verdad, siendo esa misma verdad poder. La vía entre el Uno *(brahman)* y la diversidad del mundo se establece mediante la sílaba *Om*. Del mismo modo que todas las hojas se juntan en el tallo, todos los sonidos, todas las palabras, se funden en esta sílaba sagrada. *Vāc* coincide con el *logos* del evangelio joánico en su condición de «palabra del principio», de estructuración cósmica plena de sentido. De ahí que pueda ser, al mismo tiempo, el hablante, la palabra que nombra, el significado de la palabra, el objeto nombrado y el receptor del significado. La *Kena-upaniṣad* se iniciará preguntando: «¿Impulsada por qué la mente se cierne sobre su objeto? ¿Dirigido por quién brota el primer respiro? ¿Incitados por quién pronunciamos estas palabras?». Y la *Chāndogya* añade: «El habla es la esencia del hombre, el verso (védico) es la esencia del habla [...] El habla y el aire vital forman una pareja, cuando se acoplan en la sílaba *Om,* los dos satisfacen su mutuo deseo».

Esa correspondencia entre la estructura del mundo y la estructura de la mente, que se sirve del lenguaje para diversificar y unificar, se encuentra relacionada con otra idea de importancia cosmogónica: la identificación del sacrificio con el sacrificador y la víctima. Ya en los himnos tardíos del *Ṛgveda,* como hemos visto, se fue afianzando la idea de que el universo había surgido de un sacrificio primordial. Hemos mencionado ya el himno 90 del décimo *maṇḍala,* en el que Prajāpati se presenta como el hombre primordial *(puruṣa)* que, mediante su autosacrificio, da lugar al proceso creativo y diversificador del mundo. De ese sacrificio primordial surge el tiempo, de él los seres vivos y con ellos los ritos y los metros poéticos que harán posible la reintegración a la unidad original. Encontramos aquí una de las primeras manifestaciones del vínculo secreto que ata la creación del mundo con la liberación del individuo. La celebración periódica del ritual del sacrificio es al mismo tiempo la regeneración y la revitalización de las energías cósmicas, constituyendo la oportunidad para la reintegración a la unidad original.

Con la idea de la regeneración periódica del tiempo y la idea de un regreso cíclico de todas las formas a un origen indiviso, se contrarresta la persistente erosión de la existencia, el cansancio metafísico *(cualquier tiempo pasado fue mejor)* que en su devenir va agotando la sustancia ontológica. Un modo de recuperar el entusiasmo de lo potencial frente a la melancolía de lo realizado *(sólo lo que no ha ocurrido no envejece)*. La necesidad de regenerar periódicamente el tiempo nos recuerda algo olvidado por la modernidad filosófica.[47] El tiempo, como el hombre, se desgasta; como la madera, se pudre; como el metal, se oxida. El tiempo tiene una *textura,* no es ni homogéneo ni estático, no es inmune a los avatares de su discurrir. Para contrarrestar esta decadencia, para devolver al tiempo su frescura original, el ritual opera su renovación, iniciando una nueva era (un *pasaje* cósmico o social) que inaugura tras su ejecución. Pero este simbolismo del sacrificio será llevado mucho más lejos y cada acto del ritual pasará a identificarse con algún aspecto específico del cosmos. Dicha identificación simbólica

47. Aunque para la modernidad cosmológica no ha pasado inadvertida la idea de una *textura del tiempo*. Dos ejemplos: la teoría general de la relatividad de Einstein y la idea de que la estructura del cosmos se decide en sus primeros instantes; véase Weinberg (1993). Esto no resulta del todo extraño si tenemos en cuenta que los cosmólogos contemporáneos explican el origen del universo a partir de una singularidad donde, al menos en teoría, no se cumplen las leyes de la física.

alcanzará su ápice en las minuciosas correspondencias entre el Todo y las Partes desarrolladas en las *upaniṣad*.

Éste es un buen ejemplo de cómo, en los estadios más antiguos de la especulación filosófica, las cuestiones más acuciantes sobre *qué es* (el universo, la vida, el amor) no apuntan a los componentes físicos del mundo, sino que se dirigen a elementos simbólicos. Dichos elementos simbólicos aparecen en el universo con la mediación de lo humano, que los construye y preserva socialmente. Podemos acceder a la naturaleza de dichas entidades precisamente porque son lo más humano que existe, mientras que probablemente nunca sepamos qué es la materia. El ritual fue un medio antiguo de establecer la certeza simbólica, de fortalecerla y protegerla, y, desde esta perspectiva, fue una de las primeras manifestaciones en la construcción de significados.

Del sacrificio público a la experiencia privada

La prominente figura del sacerdote en las colecciones de himnos *(saṃhitā)* y en la literatura litúrgica *(brāhmaṇa)* va dando paso, gradualmente, a la figura del asceta. Esa transición se opera en las *upaniṣad*. Las experiencias con uno mismo adquieren el prestigio que antes tenían las experiencias en el altar.[48] Pero el prestigio del renunciante, como sucede a menudo en India, no era nuevo. Ya en el *Ṛgveda* se habla de «los silen-

48. Se reproduce la tensión esencial entre lo teórico y lo experimental mencionada en la introducción.

ciosos *(muni)* que, llevando el viento como cinturón, recorren los caminos de las aves y de los dioses embriagados por su silencio».[49] Y es precisamente en uno de los himnos de este mismo libro donde se aventura la idea de que el universo surgió del ardor *(tapas)* incubado en la práctica ascética, abriendo paso a la idea del *puruṣa* como yogui cósmico.[50] Otro himno del mismo libro corrobora esta idea.[51] Viśvakarman, el hacedor del mundo, es al mismo tiempo el que ejecuta el sacrificio y a su víctima.[52] Esa unidad de destino, muy característica del pensamiento sacrificial, dará paso a la transición entre una experiencia pública, representada por el ritual, y una experiencia privada, representada por la mente del asceta. La teología sigue sin embargo subordinada a la cosmología (los dioses se encuentran supeditados a los ciclos de evolución e involución del cosmos, mueren con cada disolución y surgen nuevos con cada recreación), pero esa cosmología irá derivando hacia una cosmología donde la experiencia interior irá apoderándose del prestigio del altar. Mientras que en la cosmología ritual el objetivo era apoderarse de las fuentes de la energía primordial, la cosmología mental buscará denodadamente su propia vía de liberación del entramado cósmico.

La *Bṛhadāraṇyaka-upaniṣad* confirma esta tendencia. Se atribuye la creación a un acto de conciencia del *ātman*.[53] Una

49. *ṚV* 10. 136.
50. *ṚV* 10. 121.
51. *ṚV* 10. 81.
52. «Si el que golpea cree que mata y el golpeado se tiene por muerto, ninguno de los dos conoce nada» (*KU* 2. 19), Kuiper (1983).
53. *BU* 1. 4. Edición sánscrita de Olivelle (1998).

forma humana primordial *(puruṣa)* era lo único que existía en el origen. Miró a su alrededor y no vio a nadie. Sintió miedo y al mismo tiempo se preguntó de qué habría de tener miedo, después de todo, uno siempre tiene miedo de algo. No encontrando placer alguno, pues nada podía compartir, surgió en él el deseo de compañía. Dividió su cuerpo en dos, dando lugar al hombre *(pati)* y a la mujer *(patnī)*, y de su amorosa unión surgieron el resto de las criaturas. La idea de la creación a partir de un acto sexual cósmico desempeñaría un importante papel en el pensamiento posterior. Otros pasajes explican la creación a partir de los elementos, postulando como origen el agua, el fuego o el viento. También se sugiere que el mundo no se desarrolló a partir de fuerzas externas al propio mundo, sino mediante un proceso interno *(svabhāva)* de maduración. O bien lo atribuyen al tiempo *(kāla)*, asociado con la idea del destino *(niyati)*, o al espacio *(ākāśa)*. Las explicaciones son numerosas y no siempre coherentes entre sí.

Se duda en este mundo de la suerte del difunto, dice la *Kaṭhaupaniṣad*, pero el mortal madura como la cosecha. Y como la cosecha vuelve de nuevo a nacer.[54] El fuego que lleva al paraíso —explica la Muerte a Naciketas— es el medio para alcanzar el mundo infinito y fundamento y se encuentra asentado en la caverna del corazón.[55] Pero hay un deseo más excelso que el de conocer el fuego del sacrificio original que lleva al paraíso, ese deseo, que alcanza lo perdurable con materiales perecederos, es el conocimiento del *ātman* y del *brahman*, que

54. *KU* 1. 20, 1. 6.
55. *KU* 1. 14.

se encuentra más allá de la felicidad condicionada del paraíso. El sabio medita en el *adhyātmayoga,* la recolección de la mente, apartada de los objetos de los sentidos y dirigida hacia el Sí *(ātman),* que no debe confundirse con el yo *(aham),* que tiene la misma condición fenomenal que el sonido o el color, tan empírico que puede degenerar, en el giro de las existencias, hasta lo inorgánico.[56] Se trata pues de conocer el *ātman en* el yo, y no el *ātman del* yo, agazapado en la caverna del corazón, morador del abismo y primordial.[57] Se desecha el yo, cargado de atributos, y se apropia de lo sutil, deleitándose en la fuente de todo deleite, morada abierta al *brahman*.[58] Y se dirá, en otros lugares, que conocer el *brahman* es ser *brahman*, pues, en definitiva, es *brahman* quien se conoce y quien conoce en nosotros, idea que, como veremos, llevará hasta sus últimas consecuencias la filosofía *sāṃkhya*.

Ésa es la meta que todas las ascesis proclaman. Es la sílaba *Om,* el sonido primordial, el soporte supremo, la conciencia que ni nace ni muere, que no surge de otro ser ni en otra cosa deviene, eterna y primordial.[59] Asentado en el corazón de las criaturas, sutil entre lo sutil, incorpóreo entre lo corpóreo, estable en lo inestable.[60] Y surge aquí la idea de la gracia, pues no se puede conocer ese *ātman* ni mediante la enseñanza recibida

56. Fatone (1972, 200) cita un pasaje de la *Kaṭha-upaniṣad,* (*KU* 5, 6-7): «Después de la muerte, según sus obras y conocimientos, unos vuelven al cuerpo como seres orgánicos, y otros van a la materia inorgánica». De nuevo se da por sentada la continuidad entre lo vivo y consciente y lo inerte e inactivo.
57. *KU* 2. 12.
58. *KU* 2. 13.
59. *KU* 2. 15-18.
60. *KU* 2. 22.

ni mediante el entendimiento. Sólo puede conocerlo aquel a quien él mismo escoge. A ése el *ātman* se le revela en su propio cuerpo.[61]

Los sabios lo consideran el sujeto de la experiencia,[62] no siendo accesible a la mente dispersa sino sólo a la recogida.[63] Sólo aquellos capaces de vislumbrar lo sutil pueden reconocerlo en su penetrante intelecto.[64] Camino difícil de transitar, como el filo cortante de la navaja.[65] Quien lo conoce no vuelve a nacer jamás, liberándose de las fauces de la muerte, mientras que quien lo ignora renace indefinidamente en el ciclo de las transmigraciones.[66]

Y se lo compara con el fuego, que mora oculto en dos varillas de madera, con el embrión que late en la mujer preñada. En él se encuentran trabados todos los dioses, como los radios al eje de una rueda (la imagen es de Śaṅkara).[67] Lo que hay aquí es lo que hay más allá. En verdad, la diversidad del mundo es aparente. Quien sólo ve diversidad renace indefinidamente.[68]

El que existe por sí mismo perforó hacia afuera las aperturas de los sentidos. Por ellos, el yo *(aham)* ve los objetos externos, y no el principio inmanente. Sólo al invertir la mirada, puede contemplarse el *ātman* interno.[69] Pero es el Uno, el que prime-

61. *KU* 2. 23.
62. *KU* 3. 4.
63. *KU* 2. 24; 3. 5.
64. *KU* 3. 12.
65. *KU* 3. 14.
66. *KU* 3. 7-8.
67. *KU* 4. 8-9.
68. *KU* 4. 10-11.
69. *KU* 4. 1.

ro nació del ardor ascético *(tapas)*, abrigado en la caverna del corazón, el que disfruta de todas las experiencias conscientes, el que, mediante los seres, contempla la diversidad del mundo. Infinidad modeladora de los dioses y los seres vivos, que, mediante ellos, sale de sí y mira al exterior.[70]

Las ideas aquí contenidas tendrán un largo recorrido en el pensamiento filosófico. Los seres son los sentidos del principio original. Por sus once puertas, ve, oye, siente el que no ha nacido, la diversidad de lo natural.[71] Ese huésped vive en una ciudadela de once puertas: el cuerpo humano, con sus once orificios: oculares, auditivos, nasales, la boca, el ano y el órgano genital, el ombligo y la sutura craneal.[72] Todas las potencias o facultades anímicas superiores le sirven de regocijo.[73] Y aunque parezca que se vive del aire inhalado y del aire exhalado, los seres viven de otra cosa.

El *sāṃkhya*, lo veremos a continuación, profundizará en esta idea: los seres son las ventanas mediante las cuales el *puruṣa* se abre a la diversidad del mundo. El *puruṣa* permanece despierto mientras los seres duermen, moldea continuamente todos los deseos, late en cada una de las formas, es aquel que diversifica la Única forma. En él descansan todos los mundos, nada lo trasciende.[74] Pero no le afecta el dolor del mundo, ya que se encuentra fuera de su alcance.[75] Es lo eterno en lo transitorio, es

70. *KU* 4. 6-7.
71. *KU* 5. 1.
72. Algunas listas citan nueve orificios, al omitir los dos últimos. Pujol e Ilaraz (2004, 114).
73. *KU* 5. 3.
74. *KU* 5. 8; 5. 12.
75. *KU* 5. 11.

la conciencia en los seres, siendo Uno, satisface incontables deseos.[76] Brilla con luz propia y, en los seres, con luz reflejada.[77] Se ve a sí mismo en la mente como en un espejo, en el mundo de los antepasados como en un sueño, en el mundo fenoménico mediante contrastes.[78] Y se manifiesta con diferentes grados de claridad. En el intelecto purificado es donde se refleja con mayor nitidez, como una imagen en un espejo. Pero también se refleja en el mundo de los antepasados, en la confusión propia de los sueños, y en el mundo de la experiencia común, con sus luces y sus sombras. Siendo conocido sólo en aquel que afirma su existencia, pues sólo en el ser consciente puede vivir (en el sentido que damos normalmente a esta palabra).[79]

La concepción del espacio

Los ejemplos más antiguos de lo que podría llamarse una «cosmogonía del espacio» los encontramos en la *Chāndogya-upaniṣad*. Aquí se concibe el espacio como un poder diferenciador donde se manifiestan el nombre y la forma *(nāma-rūpa)* y que constituye la semilla del mundo.[80] «Del espacio surgen todos los seres y a él finalmente regresan, pues existe en verdad antes que ellos y en él encuentran su fin».[81] Y «lo que la gente

76. *KU* 5. 13.
77. *KU* 5. 14-15.
78. *KU* 6. 5.
79. *KU* 6. 12.
80. *CU* 8. 14. 1.
81. *CU* 1. 9. 1.

llama *brahman* no es sino este espacio fuera de la persona. Y ese espacio exterior no es sino el espacio dentro de la persona».[82] En este sentido, el espacio *(ākāśa)* sirve de metáfora para el fundamento *(brahman)* y su reflejo diversificado en los seres *(ātman)*.

> Este *ātman* mío, que descansa en lo profundo del corazón, está hecho de mente. Las funciones vitales *(prāṇa)* son su forma física, luminosa es su apariencia, real su intención. El espacio *(ākāśa)* es su esencia *(ātman)*, que contiene todas las acciones, todos los deseos, todos los olores y todos los gustos. El espacio abarca todo el mundo, ni habla ni presta atención. Pero ese *ātman* que habita en lo profundo del corazón es más pequeño que un grano de arroz, más pequeño que una semilla de mostaza, más pequeño que un grano de mijo; y sin embargo es más grande que la Tierra, más grande que el espacio intermedio, más grande que los cielos, más grande que todos los mundos juntos [...] Tan vasto como el espacio que nos rodea es el espacio del corazón.[83] Este *ātman* es *brahman* y tras la muerte se convertirá en *brahman*.[84]

Más adelante se dirá que en el ámbito del cuerpo uno debería pensar que el *brahman* es la mente, mientras que en el ámbito de lo divino, *brahman* se asocia con el espacio.[85] También el espacio se asocia al *brahman* por ser aquello que comparten todos

82. *CU* 3. 12. 7-8.
83. *CU* 8. 1. 3.
84. *CU* 3. 14.2-4.
85. *CU* 3. 18. 1.

los seres, por ser ámbito común del enriquecimiento humano,[86] de la vida misma mediante el proceso de la respiración,[87] por ser aquello donde se produce la apariencia visible de las cosas, y ser su morada incondicional.[88]

La identificación de *brahman* con el espacio *(ākāśa)* se repite en otros lugares de la *Literatura de las correspondencias*, como en la tardía *Maitrāyaṇīya-upaniṣad,* donde se reitera que el universo es creado a partir de *ākāśa* y a él regresa.[89]

Reabsorción y liberación

La idea de que el mundo se encuentra sujeto a recreaciones y disoluciones periódicas y la contraposición entre dicho proceso cósmico y la vida del individuo, entendida como aspiración a la liberación, va tomando cuerpo a lo largo de esta fascinante literatura de las correspondencias. Escapar de los ciclos del tiempo y reintegrarse a la Unidad Original (reabsorción en un estado indiviso previo a la creación) es una aspiración que aparecerá con frecuencia en las grandes épicas de la época clásica, y la secuencia recreación-preservación-disolución del cosmos será asociada a los tres grandes dioses del panteón hindú: Brahmā-Viṣṇu-Śiva. Sin embargo, es posible la liberación sin que sea necesario que el mundo creado alcance su disolución. Algunos textos sugieren que los seres que han logrado la liberación

86. *CU* 5. 15. 1.
87. *CU* 6. 23. 2.
88. *CU* 8. 14. 1.
89. *MtU* 6. 17.

(mokṣa) permanecen en mundos superiores a la espera de la disolución del cosmos, momento en el cual se reabsorben en el fundamento *(brahman)*. Esta idea de la reabsorción del mundo creado se encuentra ya en las *upaniṣad* más antiguas. El pasaje mencionado de la *Chāndogya* que se pregunta por el destino de los diferentes elementos y del mundo alude al espacio (cuyo fundamento es el sonido primordial) como la fuente de la que surgen todos los seres y el depósito donde serán finalmente reabsorbidos.[90]

La *Taittirīya-upaniṣad* confirma esta idea. Varuṇa alecciona a su hijo Bhṛgu: «El alimento, el aire vital y la vista son *brahman*. El oído, la mente y el habla son *brahman*. *Brahman* es aquello por lo que los seres nacen, aquello por lo que viven y aquello a lo que se reintegran al morir. ¡Ve y percíbelo tú mismo!».[91] Bhṛgu se marcha y practica el ascetismo en busca de *brahman*. Comprende que el alimento es *brahman*, pues de él nacen todos los seres, por él viven y a él se reintegran al morir. Practicando el ascetismo comprende que lo mismo puede decirse del aire vital y de la mente, y que el conocimiento de *brahman* supone la dicha *(ānanda)*, y que todos los seres nacen de esta dicha. «Y el que esto conoce, al abandonar el mundo, alcanza el *ātman* que es alimento, el *ātman* que es aire vital, el *ātman* que es mente, el *ātman* que es percepción; y finalmente el *ātman* que es pura dicha. Y viaja a través de los mundos, comiendo a su antojo y asumiendo las formas que desea, can-

90. *CU* 1. 9. 1.
91. *TU* 3. 1. 1.

tando un salmo del *Sāmaveda*».[92] Con dicho canto se identifica a este viajero sideral con el ritmo cósmico *(ślokakṛt)*, creador de la diversificación y reintegración de los elementos, y con el primogénito del orden cósmico *(Ṛta)*, nacido antes que los dioses.[93] También la *Śvetāśvatara-upaniṣad* hace alusión a la naturaleza cíclica del tiempo. Se trata de una invocación que solicita lucidez a «Aquel que, incoloro, ha creado todos los colores, Aquel del que surge el universo y en el que se disuelve».[94] La *Muṇḍaka-upaniṣad* recurre a la metáfora del fuego primordial y se inicia diciendo: «Como del fuego llameante saltan innumerables chispas semejantes en naturaleza al fuego, del mismo modo, querido amigo, del imperecedero surgen las diversas cosas y a él regresan».[95]

Aunque un pasaje de la *Muṇḍaka* asocia la disolución y recreación del mundo con el sueño y el despertar,[96] diciendo que Brahmā hace que el mundo despierte *(bodhayati)*, no puede afirmarse que la *Literatura de las correspondencias* aluda explícitamente a un carácter recurrente de todo el proceso. Sobre esta cuestión no hay acuerdo entre los expertos. Para Van Buitenen, la única posible alusión a una repetida recreación y disolución del cosmos es una interpolación añadida a *Maitrāyaṇīya-upaniṣad*, H. Jacobi y M. Eliade consideran que esa idea es muy antigua y que puede inferirse de un pasaje del

92. *TU* 3. 10. 5.
93. *TU* 3. 10. 6.
94. *ŚU* 4. 1.
95. *MU* 2. 1. 1.
96. *MtU* 6. 17.

Atharvaveda, Keith rechaza esta hipótesis.[97] Sea como fuere, la idea de una recreación y disolución cósmica repetida *ad infinitum* se consolidará en la cosmología *sāṃkhya* y budista, así como en las concepciones mitológicas de los *purāṇa*.

La aventura del fundamento

Recapitulemos. La presencia y formación de los fenómenos y las cosas, su evolución en el espacio y en el tiempo, se presentan en el periodo védico como una limitación del fundamento (miedo a la soledad del *puruṣa,* según *BU* 1.4) y como resultado de una acumulación de ardor ascético *(tapas)* que dará lugar a la diversidad de lo fenoménico. Dicha autolimitación supone la acotación de un lugar y de ella surge el espacio *(ākāśa)* que, como hemos visto, algunas *upaniṣad* consideran el origen de todas las cosas y destino al que habrán de regresar. Implícita en esa limitación, parece haber una exigencia de superación: el límite es dado con el fin de superarlo. De este modo el fundamento halla un estímulo, diversificándose en innumerables identidades incompletas. Tras un primer momento de negación (autolimitación del Uno), surge un segundo momento de afirmación (la presencia de los seres) y de superación (su libertad posible). Estas tres fases constituyen el curso del tiempo en la cosmovisión védica. Siendo una evolución de la conciencia,

97. Concretamente *AV* 10. 8. 39-40. H. Jacobi: «Ages of the world» (Indian) en la *Encyclopaedia of Religion and Ethics,* Hastings (ed.), p. 201. Eliade (1997, 113) y Keith (1925, 82).

el tiempo se concibe como: *1*. autolimitado, *2*. escindido y diversificado y *3*. destinado a regresar a la unidad original. En este sentido puede decirse que la contingencia de lo finito gana un horizonte. La limitación esencial de los seres se asocia entonces con la idea de lo incompleto o inacabado y, en el nivel soteriológico, plantea a la infinitud finita del ser consciente la tarea de asumir el desafío del fundamento.

Éstas son, a grandes rasgos, las diferentes concepciones del tiempo en la época védica, que entienden la liberación *(mokṣa)* como el objetivo supremo de la vida consciente y su más acuciante responsabilidad (la libertad es aquí la realización de una necesidad superior). Pero queda todavía una pregunta por contestar: ¿por qué se entrega el espíritu del mundo, el Uno, a la limitación? ¿Cómo es posible que el fundamento *(brahman)* derive en lo contingente? Como hemos visto, algunos pasajes sugieren que el fundamento prefiere la fragilidad a la soledad: el *brahman* se identifica con la diversidad limitada *(ātman)* y se aventura con ella. Una de las metáforas que dan cuenta de dicha asociación es la de la sal en el agua. Una vez disuelta, no es posible identificarla, pero sí reconocer su sabor, y es en este punto donde la experiencia de la mente (frente a la antigua experiencia pública del sacrificio) tiene un papel que desempeñar.[98] A veces el fundamento se describe en términos puramente negativos —no es esto, no es aquello *(neti neti)*—, otras como una esencia omnividente, omnisciente y omnipresente.[99] Las *upaniṣad* teístas (las más tardías) presentan el fundamento

98. *BU* 2. 4. 12.
99. *IU* 8.

cósmico como un gobernante soberano, siendo en ocasiones identificado con Rudra: «Sostiene a todos los seres, ha hecho todos los mundos y los protege y los hará aparecer al final de los tiempos».[100] Pero todavía se sigue haciendo referencia a la víctima del sacrificio original, que servirá de justificación a la devoción. El principio abstracto se ha hecho concreto (ofrendas, rezos de petición, ritos del amanecer y del atardecer), lo incondicionado, condicionado. El fundamento requiere los cuidados de la devoción *(bhakti)*, que predominará en las enciclopedias puránicas de la época clásica. Esa tendencia alcanzará su máxima expresión en la *Bhagavadgītā,* donde se expone un teísmo sin ambigüedades. Pero en el periodo védico todavía no se ha llegado a este punto. La liberación dependía del conocimiento y la autorrealización antes que de la fe y la devoción. Cualquier cosa que distrajera de la vida contemplativa se consideraba perniciosa. Algunos pasajes de las *upaniṣad* nos recuerdan que el universo surgió de un deseo primigenio y que el asceta debe reproducir ese anhelo en su mente: la autolimitación original (deseo de compañía, amor, si se quiere) que dio lugar al tiempo y sus manifestaciones.

100. *ŚU* 3. 1-2.

II. Cosmología *saṃkhya*

Una antigua filosofía

Tras el periodo védico, la época clásica fue consolidando gradualmente la idea de un periódico surgimiento y disolución del cosmos. Con los sistemas filosóficos ortodoxos *(āstika),* el interés se desplaza de los mitos sobre el origen (cosmogonías de la literatura épica y puránica) a consideraciones filosóficas sobre el modo en que se produce dicha regeneración cíclica. No hay aquí el conflicto crónico, típico en la civilización judeo-helénica, entre mitología y filosofía. En el contexto indio no se produce una superación de lo mitológico por lo filosófico o científico. Ambas cosmovisiones mantienen una relación de reciprocidad. El mito seguirá *pensando* y nutriendo desde abajo, tácitamente, las consideraciones de los filósofos, que sustituirán un lenguaje alegórico en el que las energías cósmicas se asociaban a ciertas divinidades, por un lenguaje técnico basado en términos como *causalidad, naturaleza primordial, manifestación* o *realidad*. Veremos que, en el caso del *sāṃkhya*, no hay recelos en acudir a la ayuda de ciertas metáforas cuando resulte difícil la comprensión meramente conceptual.

La primera de las grandes cosmogonías del periodo clásico se debe al *sāṃkhya*, uno de los sistemas filosóficos más antiguos de la tradición brahmánica. Es posible que el *sāṃkhya* no siempre fuera ortodoxo. Garbe ha sugerido que en sus orígenes bien pudo ser un movimiento de oposición a los excesos ceremoniales y rituales del brahmanismo.[1] Sea como fuere, con el tiempo se convertiría en una de las escuelas clásicas de la filosofía india, asociada al yoga. Aunque estas escuelas se encuentran ya, en el periodo clásico, marcadas por la escritura, en sus orígenes el *sāṃkhya* surgió de tradiciones orales. Podemos encontrar referencias a esta escuela desde las primeras *upaniṣad* (*Chāndogya* 800-600 a. ec) hasta las más tardías (*Kaṭha, Śvetāśvatara* 400-200 a. ec). También en tratados de ciencia política como el *Arthaśāstra* (Kauilya, 300 a. ec), en las grandes épicas (en el *Mokṣadharma* y la *Bhagavadgītā* del *Mahābhārata,* 200 a. ec-200), en algunos *dharmaśāstra* como *Manusmṛti* (200 a. ec-200), en biografías sánscritas de Gautama Buda como el *Buddhacarita* (Aśvagoṣa, *ca*. 100), en compendios de medicina como el *Carakasaṃhitā* (Caraka, *ca*. 100-200) y el *Suśrutasaṃhitā* (*ca*. 200-300), y en la literatura enciclopédica de los *purāṇa* (*Mārkaṇḍeya, Vāyu* y otros, del año 300 en adelante). La abundancia de alusiones, referencias o fragmentos de filosofía *sāṃkhya* en todas estas obras permite inferir que gozaba de un gran prestigio e influencia en la Antigüedad.

Sin embargo, el documento más antiguo del que disponemos

1. Garbe (1927, 189-192).

es relativamente tardío. La *Sāṃkhyakārikā* de Īśvarakṛṣṇa, un compendio sistemático en setenta estrofas, data del siglo IV. Esto significa que, desde la época antigua hasta la aparición de los primeros comentarios (de los cuales el más completo, el *Yuktidipikā,* es seguramente posterior a Dignāga [siglo VI] y anterior al de Vācaspati Miśra [siglo IX]), hay una importante ausencia de exposiciones sistemáticas del sistema y sólo encontramos alusiones, más o menos incompletas, en textos de otras escuelas. Erich Frauwallner y, más recientemente, Gerald Larson han dedicado dos estudios muy completos a la reconstrucción de los itinerarios de la literatura *sāṃkhya*,[2] el presente capítulo se limitará a exponer la cosmología *sāṃkhya* a partir de los comentarios a la obra de Īśvarakṛṣṇa, que datan de la época clásica y medieval, cuando el sistema ya se encontraba completamente desarrollado.[3]

Frauwallner fue de los primeros en insistir en el carácter germinal de la contribución *sāṃkhya* al pensamiento filosófico indio. Sólo el *nyāya-vaiśeṣika* y el budismo temprano son comparables en antigüedad.[4] Mientras que otras tradiciones de pensamiento pudieron surgir de ámbitos rituales y dialécticos, es posible que el *sāṃkhya* lo hiciera de tradiciones matemáticas, astronómicas o médicas, lo que explicaría su inclinación por la

2. Frauwallner (1973, 217-354) y Larson (1987, 3-83).
3. Uno de los primeros trabajos de reconstrucción de la filosofía *sāṃkhya* se debe a Garbe (1917), que analiza el *sāṃkhya* desde la perspectiva de la antigua filosofía natural y el sistema se considera creación personal de Kapila o Pañcaśikha. Por otro lado, Dasgupta (1992, 208-271) hace su reconstrucción desde el lado opuesto, a partir de los comentarios medievales, sobre todo el *Śāṃkhyapravacanabhāṣya* de Vijñāna Bikṣu (siglo XVI), pero también el *Śāṃkhyakārikābhāṣya* de Gaudapāḍa (*ca.* siglo VI) y el *Tattvakaumudī* de Vācaspati Miśra (siglos IX-X).
4. Frauwallner (1973, 222-227).

cosmología racional.[5] El *sāṃkhya*, por otro lado, desarrollará toda una teoría del cuerpo humano, que se mantendrá ligada a las tradiciones del yoga, así como a las diferentes corrientes terapéuticas del ayurveda. En este periodo, ni siquiera el *vedānta* o el *mīmāṃsā* habrían podido distanciarse de sus raíces religiosas.[6] La inclinación a agrupar los términos filosóficos en parejas, tríos, quintetos o septetos, estrategias que encontramos en textos médicos como el *Carakasaṃhitā* o budistas como el *An· guttaranikāya,* podría sugerir vínculos con el pitagorismo, aunque la evidencia de que disponemos no permite aclarar la cuestión.[7] También es posible relacionar esta metodología con la música, la astronomía y la recitación sacra, donde los números primos desempeñarían un importante papel. Jean Filliozat ha investigado la transferencia de conocimiento entre India y Grecia y los más que probables contactos entre ambas civilizaciones en los primeros siglos antes de nuestra era, seguramente a través de Persia.[8] Richard Garbe da por hecho que las relaciones entre India y Alejandría se consolidaron en los primeros

5. Paul Hacker, «Ānvīkṣikī», Wiener Zeitschrift für des Kunde Süd (wzksoa 1958, 54-83). Erich Frauwallner, «Zur Erkenntnislehre des Kalssiche Sāmkhya-system», (wzksoa 1958, 84-139).
6. Posteriormente, el *mīmāṃsā* lo haría. La filosofía *mīmāṃsā* es la que mejor representa la tradición hermenéutica y exegética india. De carácter ritualista, con un enfoque decididamente antiascético y antimístico, su principal preocupación ha sido interpretar el Veda y dilucidar la naturaleza del *dharma,* asociado con el deber y entendido como conjunto de prerrogativas y obligaciones rituales. En dicha «investigación» (*mīmāṃsā*), no basta la percepción o el razonamiento, sino que son necesarias toda una serie de herramientas hermenéuticas capaces de extraer la revelación de dichos textos eternos e infalibles. Con estas premisas, no es de extrañar que el mīmāṃsā condujera al desarrollo de la filosofía del lenguaje y la filología, asociándose con la gramática y ciencias afines.
7. Larson (1987, 86-90).
8. Filliozat (1949).

siglos de la era común, con el imperio kushana y el apogeo del arte grecobúdico de Gandhāra. Para el estudioso alemán, ello explicaría la influencia de la filosofía *sāṃkhya* en los sistemas gnósticos y neoplatónicos.[9] El tema es fascinante y el debate entre paralelismos e influencias ha durado algo más de un siglo. Hoy día, la mayoría de los investigadores prefiere dejar la cuestión abierta. Si hubo préstamos o sincronicidad arquetípica, es algo que no está a nuestro alcance saber, aunque, en el caso del *sāṃkhya*, parece razonable inclinarse por lo segundo.

La escuela de la enumeración

El prestigio del número, como entidad abstracta o como vida propia, en la Grecia clásica asociado a los pitagóricos, tuvo en la antigua India sus representantes en la escuela *sāṃkhya*, que se servía de un amplio conjunto de tablas numéricas donde se encapsulaban los diferentes elementos de lo real. La filosofía de la «enumeración» (*sāṃkhya*) elaboraría una compleja meta-

9. Richard Garbe: «Sāṅkhya» en *Encyclopaedia of Religions and Ethics,* James Hastings (ed.), 1927, vol. 11, p. 191. «Ciertamente no es accidental que el neoplatónico Plotino no sólo compare el alma con la luz, como hace el *sāṃkhya*, sino que también haga uso de otra comparación, la del espejo en el cual aparecen las imágenes de los objetos, tal y como ocurre en la literatura *sāṃkhya*. Este hecho constituye uno de los argumentos en favor de una influencia directa del *sāṃkhya* en las doctrinas neoplatónicas». Richard Garbe (18571927), profesor de la Universidad de Tubinga, fue uno de los primeros orientalistas alemanes dedicados al *sāṃkhya*, en una época en la que el tema de las relaciones entre la antigüedad griega e india se encontraba en su máximo apogeo. Garbe se embarcó rumbo a India en 1885, en un viaje financiado por el gobierno prusiano y la Academia de Ciencias de Berlín. Permaneció más de un año en Benarés, aprendiendo sánscrito y filosofía hindú, experiencias que consignó en un diario de viaje que publicaría en 1889.

física cuya influencia se extendió a otras disciplinas: medicina, política, leyes, mitología y a la literatura épica y devocional, manteniendo un intenso diálogo con las tradiciones filosóficas ortodoxas del brahmanismo (los seis *darśana*), así como con las escuelas heterodoxas del budismo y jainismo.

El *sāṃkhya* enumera sistemáticamente los diversos elementos de lo real, estableciendo tres categorías de acuerdo con sus funciones específicas dentro del conjunto: los veinticinco principios constitutivos del cosmos, denominados *tattva*. Las ocho inclinaciones de la inteligencia, denominadas *bhāva*. Y las cincuenta categorías efectivas de lo dado *(bhūta)*. Lo que constituye el mundo, lo que podría ser y lo que de hecho es. La ontología, la soteriología y el conocimiento empírico. Se distinguen así tres ámbitos de actividad: el constitutivo o formal *(rupa)*, el proyectivo o intencional *(pravṛtti)* y el consecuente o final *(phala)*. El sistema postula, como se dijo, un universo pulsante, donde se alternan sucesivas creaciones y reabsorciones. El funcionamiento del mismo se basa en una distinción fundamental entre una conciencia original sin contenido, denominada *puruṣa*, y una naturaleza primordial, llamada *prakṛti*, donde se contiene en potencia toda la diversidad del mundo natural. Dicha distinción se analizará ampliamente más adelante, baste por ahora con apuntar que, en su materialidad, *prakṛti* se define como lo opuesto al *puruṣa*. Mientras el *puruṣa* es un testigo indiferente e inmutable de las evoluciones e involuciones cósmicas, la *prakṛti* constituye el material donde se producen todas esas transformaciones.

La naturaleza primordial se activa y desactiva periódicamente en cada una de las fases de despliegue y repliegue del cosmos.

Así, la *prakṛti* tiene un estado manifiesto, durante el periodo de despliegue, y un estado potencial o latente *(avyakta),* cuando el universo, una vez replegado, «duerme» en tenso equilibrio. La intervención de la conciencia, como veremos, hará de nuevo despertar a la materia, dando lugar a un nuevo ciclo cósmico. El *puruṣa* desempeña así el papel de catalizador del despliegue de la *prakṛti,* siendo paradójicamente él mismo inactivo e inmutable, pura conciencia neutra y sin contenido. Estamos ante una de las primeras expresiones de lo que podría denominarse materialismo metafísico, al que hay que añadir un importante sesgo experiencial. Lo primero porque, de no ser por la presencia enigmática del *puruṣa* (desencadenante de la metamorfosis cósmica), el *sāṃkhya* constituiría un evolucionismo materialista muy parecido al que predomina hoy en la ciencia moderna. Lo segundo porque el propósito de esta filosofía, como se indica al inicio de la *Sāṃkhyakārikā,* es la erradicación del sufrimiento mediante el conocimiento expuesto por el propio texto.[10] Esta primera estrofa deja entrever una posible influencia budista, confirmada en la siguiente, donde se muestran reticencias respecto a la práctica del ritual védico, que a su goce efímero añade el sufrimiento de la víctima sacrificial. En su lugar se propone una alternativa filosófica: el discernimiento entre el mundo fenoménico o manifiesto *(vyakta),* lo no manifiesto potencial (causa primordial de dicho mundo fenoménico: *avyakta*), y el conocimiento que cabe dentro de lo fenoménico *(jña).*[11]

10. *SK* 1.
11. *SK* 2. Esta tríada puede reducirse a dos, estableciendo una primera dualidad entre la naturaleza primordial *(mūlaprakṛti),* ya sea en estado manifiesto o latente, y una conciencia *(puruṣa)* que la conoce o experimenta.

Los componentes del mundo

Como filosofía de la enumeración, la primera taxonomía que cabe mencionar es la de los veinticinco principios o elementos constitutivos de lo real. Estos principios *(tattva)* no gozan todos de un mismo estatus y no aparecen a la vez en el proceso evolutivo del cosmos, sino que se ordenan jerárquicamente del siguiente modo.

CUADRO II.1. *Los 25 tattva del sāṃkhya*

(1) Conciencia sin contenido (*puruṣa*) ∩ (2) Naturaleza primordial (*prakṛti*)

↓

(3) Principio intelectivo (*buddhi*, *mahāt*)

↓

(4) Sentido de la identidad o sentido del yo (ahaṃkāra)

↓ ↓

(5) Mente (*manas*)		Elementos sutiles (*tanmātra*)
Facultades sensoriales (*buddhīndriya*)	Capacidades (*karmendriya*)	
(6) oír (*śrotra*) (7) tocar (*tvac*) (8) ver (*cakṣus*) (9) gustar (*rasana*) (10) oler (*ghrāṇa*)	(11) hablar (*vāc*) (12) asir (*pāṇī*) (13) mover (*pāda*) (14) excretar (*pāyu*) (15) procrear (*upastha*)	(16) sonido (*śabda*) (17) contacto (*sparśa*) (18) forma o imagen (*rūpa*) (19) gusto (*rasa*) (20) olor (*gandha*)

↓

Elementos físicos (*mahābhūta*)
(21) espacio (*ākāśa*)
(22) viento (*vāyu*)
(23) fuego (*tejas*)
(24) agua (*ap*)
(25) tierra (*pṛthivī*)

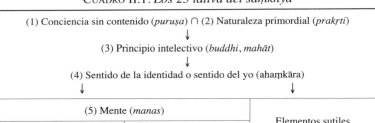

El comentario más esclarecedor de las *Sāṃkhyakārikā* aparecerá cinco siglos más tarde. Su autor fue Vācaspati Miśra (900-980), un brahmán que vivió cerca de la frontera de Nepal y del que apenas sabemos nada. Miśra compuso diversos y valiosos comentarios sobre las diferentes escuelas de pensamiento ortodoxas, entre ellas el *sāṃkhya*. El *Tattvakaumudī*[12] *(Esclarecimiento de los principios)* clasifica los veinticinco principios según sean germinantes o germinados. Esta cuádruple división se establece en términos de su eficacia creativa: *1*. meramente creativos, *2*. creativos y creados, *3*. meramente creados, *4*. ni creados ni creativos. El principio intelectivo (*buddhi* [3]) pertenece a la segunda categoría. Es creativo porque a partir de él se desarrolla el sentido de la identidad *(ahaṃkāra)* y es creado porque en sí mismo es una evolución de la naturaleza primordial *(prakṛti)*. Esta categoría la comparte también el sentido del yo (*ahaṃkāra* [4]) y los cinco elementos sutiles (*tanmātra* [16-20]), que son los creadores de los elementos físicos. Los meramente creados son la mente (*manas* [5]), los cinco principios cognitivos (*buddhīndriya* [6-10]), las cinco facultades de acción (*karmendriya* [11-15]) y los cinco elementos físicos (*mahābhūta* [21-25]). El único principio exclusivamente creativo es la naturaleza primordial, *prakṛti,* que ha existido siempre, ya sea en su estado manifiesto *(vyakta)* o en su estado latente *(avyakta)*.

Frente a todos ellos, destaca la posición que en el sistema ocu-

12. *Kaumudī* significa «claro de luna», haciendo referencia a que bajo su luz crecen los lotos blancos *(kumuda)*, pero en un contexto filosófico se refiere a un ejercicio de aclaración o esclarecimiento, en este caso de los 25 principios *(tattva)* del *sāṃkhya*.

pa el *puruṣa,* la conciencia sin contenido. Es el único principio que ni ha sido creado ni es en sí mismo creativo. Comparte con la *prakṛti* su carencia de origen o nacimiento pero, a diferencia de ésta, no es un principio creativo *(na prakṛtir na vikṛtiú puruṣaú)* y no produce nada. El *puruṣa* no se implica en el mundo natural y, sin embargo, es testigo silencioso de sus evoluciones. A pesar de ello, es el *puruṣa* el que ha desencadenado el proceso creativo y diversificador del cosmos, desestabilizando a la *prakṛti,* que se encontraba en un equilibrio gúnico perfecto, y cuyo desequilibrio da lugar a la manifestación del mundo. Cuando los filósofos *sāṃkhya* tratan de explicar el paso del universo latente *(avyakta)* al manifiesto *(vyakta),* atribuyen esta transición al *puruṣa.*

Los dos primeros principios, *puruṣa* y *prakṛti,* son independientes uno del otro. Uno representa una conciencia inmutable, plural y sin contenido; el otro, la materia original de la que está hecho todo lo dado (ya sea manifiesto o latente). Son los únicos principios cuya naturaleza es autónoma, cuya existencia no depende de la existencia de otras cosas, y por tanto no son función de las condiciones espaciales y temporales del cosmos, sino más bien al contrario: el espacio y el tiempo pueden considerarse una consecuencia de su copresencia. La *Sāṃkhyakārikā* los define como principios metafísicos (fuera del espacio y del tiempo), simples, carentes de partes, estables, no generados o producidos por alguna otra cosa, no sujetos al surgimiento o la desaparición, no apoyados en nada e independientes.[13] Ni siquiera el despliegue y repliegue periódico

13. *SK* 10.

del cosmos los afecta, es más, ese despliegue y repliegue tiene su razón de ser precisamente en dichos principios. La relación entre ambos es de copresencia o coexistencia.[14] El *puruṣa* es esencialmente inactivo, mientras que la naturaleza primordial es fundamentalmente generativa. Ella es la responsable de todo el conjunto de principios que configuran la jerarquía del universo natural, generación que se activa por la presencia de la conciencia, que *decanta* el proceso de transformación del mundo *(pariṇāma)* sin implicarse en él. Aunque cada uno de ellos existe por separado, una peculiar compenetración los vincula. Peculiar porque, como veremos, una de las partes no se ve afectada por la convivencia, pero la solicita. Para muchos de sus críticos, antiguos y modernos, éste es el talón de Aquiles de la filosofía *sāṃkhya*. Para otros, en esa misteriosa relación radica su genio y originalidad.

La primera emanación de la naturaleza primordial *(mūlaprakṛti)* es un principio de inteligibilidad denominado técnicamente *buddhi* y que es la forma más sofisticada de la materia, su forma emergente, en la que predominan los aspectos luminosos del *guṇa sattva* (del que hablaremos más adelante). Se trata de una inteligencia que se encuentra todavía lejos de ser la facultad de un sujeto o la capacidad de un organismo para adaptarse a situaciones nuevas. No hay todavía, en este estadio de la evolución cósmica, entidades o individuos. Pero dicha inteligencia no carece de aspectos gnoseológicos, y para desarrollarlos se fabrica un yo, un sentido de la identidad *(ahaṃkāra)*.

14. *SK* 19.

Observemos la originalidad de la cosmovisión *sāṃkhya*: la inteligencia no es aquí una potencia del yo, sino más bien a la inversa. Y esa inteligencia no es una entidad metafísica de ordenación del cosmos, sino una consecuencia de la evolución de la materia. La evolución natural conduce a un principio de individuación donde la identidad o el sentido del yo es resultado (o tendencia inevitable) del desdoblamiento de la inteligibilidad, que necesita de entidades sobre las que predicar y que no sean ellas mismas atributos.[15]

No hay, en este estadio de la serie de transformaciones *(pariṇāma)*, una dependencia de la inteligencia con el sentir, ya que los estímulos del sentir presuponen un sujeto que les sirva de sede, y ese sujeto no se ha formado todavía. Lo sensible se constituirá posteriormente, como resultado de la combinación del sentido del yo *(ahaṃkāra)* y de la mente *(manas)*, que darán lugar a las diez capacidades (motoras, sensibles y mentales) y a los cinco elementos sutiles (sonido, tacto, forma, gusto y olfato). Será a partir de estos últimos que se creen los cinco grandes elementos. No se trata, pues, de que el mundo se haga cognoscible gracias a *buddhi*. El mundo, con su diversidad y pluralidad, no existe todavía, y es esa inteligibilidad la que lo estructura y le da forma.

El *sāṃkhya* plantea, quizá por primera vez en la historia del pensamiento filosófico, que entre el entendimiento y la sensibi-

15. La época moderna ha considerado de manera diversa la naturaleza de lo individual. Algunos filósofos han tratado la cuestión bajo el aspecto de la relación entre los entes singulares y la totalidad del universo, preguntándose a tal efecto si los entes singulares son simples modos de una sustancia única (el caso de Spinoza), frente a aquellos que han subrayado la singularidad irreductible de lo individual (Leibniz).

lidad no exista una diferencia esencial, sino tan sólo de grado (como sugeriría mucho después Leibniz). Un continuo va de lo inteligible a lo sensible y la propia actividad de la materia lleva a la inteligencia, gradualmente, a convertirse en sensibilidad. En términos de la doctrina clásica del *sāṃkhya*, según la cual el efecto se encuentra latente en la causa *(satkāryavāda),* la sensibilidad no sería sino el despliegue de la inteligencia.

Iniciaremos nuestra exposición por el análisis de la naturaleza primordial e iremos descendiendo en la jerarquía, de la azotea al entresuelo y, de ahí, a los sótanos. La serie se inicia en lo más abstracto posible, avanzando gradualmente hacia la concreción. Desde las formas aladas, sáttvicas, del principio inteligible, hasta las formas más pesadas de lo inerte. Finalmente, abordaremos la cuestión más difícil, sobre la que la propia tradición *sāṃkhya* no parece haber estado siempre de acuerdo: las relaciones entre la conciencia original *(puruṣa)* y la naturaleza primordial *(prakṛti),* convivencia que hace posible el mundo tal como lo conocemos.

La naturaleza primordial

La raíz del universo, por utilizar una metáfora arbórea, es la llamada naturaleza primordial *(prakṛti* o *mūlaprakṛti).* Se define como increada (ha existido siempre, carece de origen o nacimiento: *avikṛti*) y creativa (genera el mundo). Se trata de una noción que amplía la idea común que se tiene de la materia, pues abarca también lo inmanifiesto, el ámbito que guarda, en estado latente (en equilibrio tenso de los *guṇa*), todo lo que el mundo será.[16] Paradójicamente, dicho estado latente comparte las *características* de la conciencia original *(puruṣa):* carece de causa *(ahetumat),* es intemporal *(nitya),* inespacial *(vyāpin),* estable *(akriya),* simple *(eka),* sin soporte *(anāśṛta),* sin características *(liṅga),* sin partes *(anavayana)* e independiente *(aparatantra).* Esta definición de lo indefinible se encuentra justificada por las características de lo manifiesto, que son sus contrarios: tiene causa, es temporal, espacial, inestable, etc. Sin embargo, tanto lo inmanifiesto como lo manifiesto dependen del proceso trigúnico, en el primer caso de su equilibrio, en el segundo de su desequilibrio. Mientras que el *puruṣa* o conciencia original se encuentra al margen de dicho proceso trigúnico y es, por tanto, incapaz de producción alguna.

La naturaleza primordial constituye, en sí misma, la fuerza generativa que produce la diversidad del cosmos. Se encuentra constituida por tres sustancias *(triguṇa* o *traigunya)* que guían sus continuas transformaciones. En el orden global de la naturaleza, los *guṇa* determinan la actividad de la *prakṛti* y los diversos estados que experimenta en su evolución: satisfacción, frustración o confusión, abarcando tanto estados subjetivos como objetivos, ya sea en forma manifiesta *(vyakta)* o potencial *(avyakta).* Los *guṇa* constituyen así los hilos que atan los elementos dispersos de lo real, ya pertenezcan al ámbito *tattva,* al ámbito *bhāva* o al ámbito *bhūta* (de los que hablaremos más adelante). Es importante destacar que, en el sistema *sāṃkhya,* los *guṇa* nunca se cuentan entre los veinticinco *tattva* que cons-

16. Es inevitable pensar aquí en las nociones cosmológicas modernas de antimateria y de materia oscura.

tituyen el mundo natural, sino que son, por así decirlo, su fuente de alimentación, el axioma o fundamento que permite entender el proceso continuo de transformación que es el mundo.

Para entender la cosmología *sāṃkhya*, es necesario entender previamente la idea de la causalidad que mencionamos de pasada en el apartado anterior. Los textos definen la causa como un ímpetu que lleva en sí, de forma latente, el efecto *(satkāryavāda)*. O, por decirlo de otro modo, la preexistencia del efecto en la causa.[17] De modo que causa y efecto comparten una misma naturaleza[18] y los efectos subsisten *in æternus*, oscilando cíclicamente entre su forma potencial *(avyakta)* y su forma manifiesta *(vyakta)*, que es cuando, convencionalmente, adquieren la calidad de «efecto». ¿Qué justifica esta aserción? En primer lugar, el hecho de que una no entidad no puede, en ningún caso, transformarse en una entidad, la existencia no puede derivar de la inexistencia o, como decía Parménides y recogería más tarde la escolástica, *ex nihilo nihil fit:* «De la nada, nada adviene» (no sólo eso: un ente tampoco puede desaparecer en la nada, sólo transformarse). Debe existir entonces algún tipo de relación que ate el efecto a la causa, y lo que no tiene entidad carece de relaciones; de lo contrario, el efecto podría ser resultado de una causa cualquiera, lo que supondría negar la causalidad misma, convertida en mero azar. Todo ello contradeciría la experiencia empírica y científica: la regularidad que observamos en la naturaleza. No se mantiene que el efecto sea idéntico a la causa, simplemente se niega que

17. *SK* 8.
18. *SK* 9.

sean esencialmente diferentes. Siendo el efecto una causa desarrollada o desplegada, se infiere que lo manifiesto deberá ser consecuencia de lo inmanifiesto. La idea de un estado potencial o latente *(avyakta)* del cosmos sustituye aquí al concepto de creación *ex nihilo*. Todo lo manifiesto, desde el principio intelectivo *(buddhi)* hacia abajo, deberá ser entonces resultado de un principio original, latente *(pradhāna, avyakta, prakṛti)*. Y para definir dicho estado será necesario recurrir a lo manifiesto, a los *efectos* de *prakṛti*. La propia experiencia reflexiva y la observación empírica nos lleva a considerar que estos efectos son fugaces, limitados, en continua transformación, dependientes y diversos. La materia no manifiesta carece de cualidades sensibles que permitan percibirla, pero ello es debido a su estado latente o potencial, no a su inexistencia. Se sabe de ella mediante la inferencia de la causa a partir de sus efectos (el mundo en transformación). En este sentido, el juego entre lo intemporal y lo efímero, entre lo estable e inestable, se explica en términos de lo potencial y lo manifiesto. En el universo del *sāṃkhya* no hay verdaderas novedades, ni tampoco verdaderas desapariciones, sino simples despliegues de las causas en los efectos o repliegues de los efectos en las causas. Nada nuevo se produce en el mundo, todo se encuentra contenido en la naturaleza primordial cuando todavía no se ha manifestado y toda la diversidad del mundo regresará a ella tras su repliegue.

Si lo fenoménico y transitorio se define en oposición a lo estable y eterno, los productos de la naturaleza primordial, lo manifiesto *(vyakta)*, los veintitrés principios que constituyen el mundo tal como se da a conocer, serán todos ellos causados, finitos, transitorios, maleables, diversos, dependientes, determinados, compuestos y contingentes. Mientras que lo no manifestado *(avyakta)* será lo opuesto a esta caracterización y, al mismo tiempo, su fundamento y causa.[19] Lo no manifestado es causa de sí mismo, de él emana el mundo y en él se reabsorbe, siguiendo ciclos recurrentes de despliegue y repliegue. Lo manifiesto se mueve en el espacio, mientras que su fundamento es inmóvil. Lo manifiesto es finito y fugaz, su fundamento infinito y eterno.

Los tres guṇa

Ya hemos mencionado los tres hilos que trenzan la cuerda del universo (los tres *guṇa*), los examinaremos a continuación con más detalle. La palabra sánscrita *guṇa* significa literalmente «cabello, hilo o filamento», haciendo referencia a las tres hebras trenzadas que componen una cuerda. El término puede significar también cualidad, genio, inclinación, condición o temperamento. El sistema *sāṃkhya* postula tres constituyentes de la naturaleza primordial *(prakṛti)*, tres temperamentos o humores (*triguna*): uno contemplativo (pura serenidad), otro activo (pura inquietud) y un último pasivo (pura inercia), asociados al placer, el dolor y la indiferencia, respectivamente. Todas las cosas creadas resultan de algún tipo de mezcla de estas notas distintivas, desde el mineral al planeta, desde la más insignificante brizna de yerba hasta el más engolado de

19. *SK* 10.

los dioses. El paralelismo con Hipócrates es evidente. El griego distinguía a los individuos de acuerdo con la predominancia de uno de los cuatro humores, que daban lugar a temperamentos sanguíneos, flemáticos, coléricos o melancólicos. Los filósofos del *sāṃkhya* atribuirían su taxonomía tripartita a todos los entes manifiestos e inmanifiestos, ya fueran conscientes o inconscientes, e incluso a las categorías del espacio y el tiempo. Aunque nuestro lenguaje hable del *siglo de las luces* o de *épocas oscuras,* y el espacio se curve en presencia de agujeros negros o luminosas estrellas, cuesta imaginar en el espacio o el tiempo una naturaleza temperamental. Habitualmente, pensamos que los humores ocurren *en* el espacio y *en* el tiempo y no a la inversa. Sin embargo, ésta fue una idea recurrente en India a la que no se le ha prestado suficiente atención, quizá por nuestra incapacidad de hacernos cargo de ella.

El primero de ellos, el *guṇa sattva,* se asocia con lo ligero, lo expansivo, lo blanco y lo transparente. El segundo, *rajas,* con lo activo, lo rojo y lo móvil. El tercero, *tamas,* con lo pesado, lo negro y lo sólido. Los productos finitos y fugaces del mundo comparten, con el fundamento eterno e infinito que los produce, estas tres sustancias, que constituyen tanto lo manifiesto *(vyakta)* como lo inmanifiesto *(avyakta* o *pradhāna).*[20] Salvo que en este último caso los tres *guṇa* se encuentran en estado de equilibrio. Dasgupta describe la *prakṛti,* en su estado latente, no como un equilibrio sereno, sino tenso. Su intensidad inherente será capaz de crear, cuando sea desestabilizada por

20. *SK* 11.

el *puruṣa,* toda la diversidad de lo natural. En dicho estado, como en el equilibrio entre la fuerza concéntrica de la gravedad y la fuerza excéntrica del horno nuclear en el interior de las estrellas, la actividad expansiva *(rajas)* se encuentra compensada por la gravedad de lo inerte *(tamas)*.[21] Cuando dicho equilibrio es perturbado, mediante la intervención (mera presencia) de la conciencia, se inicia el proceso de diversificación de la materia original, según la secuencia esbozada en el cuadro II.1. El mundo evoluciona mediante transformaciones debidas a la interacción de los *guṇa,* que son los que constituyen el engranaje del mundo y producen la diversidad de fenómenos y seres. Pero, al mismo tiempo, también son ellos los que permiten a dichos seres inferir lo no manifiesto de lo manifiesto. Dado que el principio fundacional del universo se compone de estas tres sustancias *(sattva, rajas* y *tamas),* puede decirse que ellas constituyen lo único real. Los *guṇa* subsisten a todas las transformaciones, ni se crean ni se destruyen, y de ahí que algunos comentaristas las hayan considerado sustancias.[22] Pero hay un testigo que contempla, apartado, todo el proceso, una conciencia sin contenido y, paradójicamente, plural, de la que hablaremos al final de esta sección.

Ya hemos visto que el vínculo que establecen los *guṇa* permite inferir lo no manifiesto a partir de lo manifiesto, lo infinito de lo finito, lo eterno de lo fugaz, lo liberado de lo contingente. Y en esa correspondencia se establece la doctrina *sāṃkhya*. Cobra entonces sentido lo dicho en la estrofa primera y en las

21. Dasgupta (1992, 247).
22. Pujol (2009, 81).

estrofas décima y undécima de la *Sāṃkhyakārikā,* que consideraban esencial el discernimiento entre lo manifiesto, lo inmanifiesto y el conocedor, pues dicho discernimiento constituye la vía para la liberación del sufrimiento. Pero, a diferencia del *puruṣa,* la materia es inconsciente y no puede discernir. De modo que puede decirse que los elementos conscientes implicados en cualquier proceso cognitivo no pertenecen al mundo material, sino que son un préstamo o proyección del *puruṣa,* que se contempla a sí mismo en lo material, constituyendo el verdadero sujeto del conocimiento. De ello hablaremos más adelante, baste por ahora con apuntar que el *puruṣa,* aunque tiene capacidad para discernir (cosa que no puede hacer la *prakṛti*), carece de naturaleza trigúnica, lo que lo imposibilita a actuar, cambiar o transformarse.

Sensaciones

Los tres *guṇa sattva* tienen también sus estados afectivos asociados. *Sattva* se asocia con la dicha *(prīti), rajas* con la inquietud *(aprīti)* y *tamas* con la ofuscación *(viṣāda).*[23] En este sentido, puede decirse que el mundo material está hecho de sensaciones o estados de ánimo (algo que, como veremos, constituirá uno de los fundamentos de la concepción budista del universo). *Sattva* pone de manifiesto e ilumina, *rajas* es un estímulo o principio de actividad, *tamas* representa la inercia y

23. *SK* 12.

la obstrucción. Lógicamente, *sattva* se asocia con la sabiduría y la bondad, con los aspectos creativos y luminosos de la naturaleza. Mientras que su complementario, *tamas,* representa la inercia ciega, lo indolente y lo pesado. Entre ambos extremos, resolviendo la tensión, se encuentra *rajas,* el principio dinamizador que da cuenta de todo cambio y que se considera el *humor* típicamente humano. Si la única fuerza evolutiva fuera *rajas,* el mundo se encontraría sometido a una actividad frenética, *tamas* contrarresta dicha actividad mediante su pesantez y pasividad. Pero todo no sería más que un proceso ciego y fatal si no existiera el tercero de los *guṇa,* el que ilumina las evoluciones de la materia y encuentra reposo en su contemplación: *sattva*.

Todo ente y toda manifestación, ya sea material o espiritual, es una mezcla de estos tres *guṇa*. Sólo cuando el universo se disuelve *(pralaya),* quedando en estado latente *(avyakta)* a la espera del inicio de un nuevo ciclo, los *guṇa* vuelven a su estado *original* de equilibrio. Manifestación equivale a desequilibrio gúnico: transformación y diferenciación. ¿Por qué se produce ese desequilibrio? Debido a la presencia del *puruṣa*. ¿Qué motivo tiene el *puruṣa* para aventurarse en lo manifiesto? La pregunta carece de sentido desde la perspectiva *sāṃkhya*, cuyo propósito es erradicar los estados dolientes y confusos de la existencia.

Que la esencia de las cosas sea la sensación, sentir algo o sentirse de cierta manera, se ha propuesto de diferentes formas en la historia del pensamiento, pero en general desde filosofías de la subjetividad. Con el *sāṃkhya*, el planteamiento es diferente: las cosas son pura sensación, objetivamente, y no sólo desde su particular punto de vista. Dichas «sensaciones» cubren en continuidad toda la gama de los entes, desde la brizna de hierba hasta la más alta divinidad. El hombre es, fundamentalmente, sensación y, además, actividad, inquietud, movimiento *(rajas)*, contemplación y luz *(sattva)*, materia inerte y oscuridad *(tamas)*. Pero el mineral también está hecho de sensaciones, de otro tipo, rudimentarias, lentas, telúricas, opacas, mucho menos dinámicas y flexibles, y escasamente contemplativas. Decir que la esencia de las cosas son las sensaciones supone afirmar no que los entes tienen o causan impresiones, sino que las impresiones causan o producen entes. La sensación pasa de ser un mero hecho psíquico al fundamento constitutivo del ser. Ya no se considera, objetivamente, un reflejo y, subjetivamente, la productora de los hechos de la conciencia, ya no se piensa que puedan distinguirse tantas sensaciones como aparatos receptores hay (visuales, auditivas, olfativas, gustativas, táctiles, cinestésicas, térmicas, dolorosas, agradables, equilibradas...), sino que la sensación pasa a ser la *cosa en sí*, la función que hace al órgano. La impresión se crea un sistema nervioso, de modo que se podrían dar tantos entes u organismos como combinaciones posibles de sensaciones.

Las sensaciones pueden agruparse además en tres categorías: agradables, desagradables y deprimidas, correspondiendo al placer, el dolor y la estulticia. En el ámbito material, esta tríada se traduce en luminosidad *(prākāśa)*, energía *(pravṛtti)* y obstrucción *(niyama)*. Todas ellas dan cuenta de la diversidad material y espiritual del mundo. Cuanto más abajo nos encontramos en la escala de la evolución, cuanto más alejados del primer elemento emergente (la *buddhi*), menor es la intensidad de las sensaciones. No siente el mineral como la planta, ni ésta como el hombre, hasta el punto de que en ciertos complejos materiales apenas puede hablarse de sensaciones, sino de meras reacciones físicas. Pero si, como hace el *sāṃkhya*, establecemos una jerarquía de los entes en función de su sensibilidad (o mejor, de la sensibilidad que los ha producido), encontramos un camino ascendente hacia el principio primero de lo manifiesto, la *buddhi*, el elemento que se encuentra más próximo a la conciencia del *puruṣa*.

El círculo hermenéutico

El proceso tripartito de los *guṇa* se encuentra estructurado por lo que podría denominarse el círculo hermenéutico del *sāṃkhya*. La actividad espontánea *(rajas)* lleva implícita una ordenación jerárquica *(sattva)* y tiene como consecuencia una determinación *(tamas)*, una *resolución* que hace posible la distinción y diferenciación de los objetos del mundo, de cuyo discernimiento se encargará, a su vez, el *guṇa sattva*. Pues la clarividencia *(sattva)* no podría darse si no existieran ya elementos discernibles y susceptibles de ordenación *(tamas)* y tampoco podría evolucionar, crecer y desarrollarse si estos elementos no se encontraran en continua transformación *(rajas)*. Es decir, cada uno de los *guṇa* presupone los otros dos y no podría actuar sin ellos. De modo que la completa supresión de uno solo de ellos significaría la disolución del mundo, así como el perfecto equilibrio de los tres tiene como consecuencia el regreso del mundo a su estado latente *(avyakta)*. Una vez nos situamos en el universo en transformación, ninguno puede ser considerado separadamente ni tampoco como causa de los demás. Se podría pensar que sin la actividad *(rajas)* no existiría nada que ordenar *(sattva)* ni nada determinado *(tamas),* sin embargo, desde la perspectiva *sāṃkhya*, éste es un planteamiento desencaminado. De hecho, si hay un *guṇa* que pueda considerarse el primero (sin que ello quiera decir que sea causa de los demás), ése sería el *guṇa sattva,* pues la primera manifestación de la naturaleza primordial, el principio de ordenación *(buddhi)* del que surgen, en evolución, los demás principios, es puro *sattva*. Pero dicha manifestación no sería posible si no existiera ya un desequilibrio entre los *guṇa,* que pone en movimiento la rueda del mundo.

El yoga heredará del *sāṃkhya* la idea de que la mente y la conciencia son dos entidades radicalmente distintas. Desde esta perspectiva los intentos actuales de las neurociencias de buscar la conciencia en el cerebro estarían desencaminados. La mente es un instrumento de la conciencia. La conciencia utiliza la mente para observar el mundo material y recrearse en su diversidad. Cuando se confunde el instrumento con el sujeto, la identificación con la mente crea un intelecto oscuro, un sujeto de oscuridad, mientras que cuando se rebaja la actividad de la mente, cuando dejamos de identificarnos con ese cristal sin luz propia, la conciencia recupera su pureza. Esa desidentificación del sujeto con la identidad que crea la mente es el objeto del *yoga*. Entre los logros de los yoguis debido a su destreza en el manejo de los estados concentrados de la mente, Patañjali enlista la posibilidad de contemplar el mundo en virtud de los cinco grandes elementos, como un baile de átomos o en función de los tres colores de los *guṇa:* blanco, rojo y negro.

La cuestión del determinismo

Otro de los patrones de enumeración que ofrece el *sāṃkhya* divide el mundo en tres categorías: el ámbito constitutivo, el ámbito proyectivo y el ámbito fenoménico (lo dado). El primero se compone de los veinticinco principios constitutivos *(tattva)*, que se reproducen en el cuadro II.1. El segundo, denominado proyectivo *(bhāva)*, se compone de las ocho disposiciones o inclinaciones de la *buddhi*. Finalmente, la interacción del ámbito constitutivo (veinticinco *tattva*) con el ámbito proyectivo (ocho *bhāva*) da lugar al ámbito fenoménico, también llamado efectivo o final *(phala)*, constituido por las cincuenta categorías *(padārtha)* de lo dado.

Las transformaciones en los ámbitos segundo y tercero (*bhāva* y *bhūta*) obedecen a un régimen no estrictamente determinado. Estos dos ámbitos son construcciones derivadas del primero y, aunque son generados por éste, se componen de las transacciones kármicas que experimentan y proyectan los seres. Mientras que el determinismo domina el ámbito *tattva*, regido por una estricta razón suficiente, en los ámbitos proyectivo *(bhāva)* y final *(phala)* son posibles las transformaciones. Como apunta Larson: «uno no puede cambiar lo que es, pero uno puede cambiar su propia perspectiva o predisposición a lo que es». De este modo, tanto el conocimiento como la ignorancia pertenecen al ámbito proyectivo y final, ambos son sólo predisposiciones y no principios *(tattva)*.[24]

En el ámbito proyectivo encontramos aquellas predisposi-

24. Larson (1987, 72).

ciones del intelecto de naturaleza *sáttvika*, representadas por el discernimiento reflexivo de la *buddhi:* mérito, conocimiento, desapego y poder.[25] Pero también hallamos aquellas predisposiciones que representan las tendencias reificadoras de la *buddhi,* de carácter tamásico, tales como el vicio, la ignorancia, el apego y la impotencia. Se supone que ambas tendencias se derivan de una actividad espontánea e inconsciente, asociada con el *guṇa rajas*. Lo decisivo aquí es que la combinación y el grado de participación de los diferentes ingredientes, en cada renacimiento particular, predispone al *liṇga* que transmigra (del que hablaremos más adelante), a proyectar o crear las condiciones de su futura existencia. La vida en los paraísos se encuentra dominada por el *guṇa sattva,* la actividad de *rajas* es característica del ámbito humano mientras que el *guṇa tamas* domina el mundo inconsciente e inerte de tosca materialidad.

Respecto al ámbito efectivo, que como dijimos da lugar a las cincuenta categorías del mundo fenoménico *(pratyasarga),* lo componen cinco malentendidos o errores *(viparyaya),* veintiocho carencias o incapacidades *(aśakti),* nueve satisfacciones *(tuṣṭi)* y ocho logros espirituales *(siddhi)*. Los cinco errores son, según las listas antiguas, oscuridad *(tamas),* confusión *(moha),* confusión extrema *(mahāmoha),* cinismo *(tāsmisra)* y desesperación *(andhatāmisra)*. Posteriormente, Patañjali, siguiendo la tradición del yoga, los denominará aflicciones *(kleśa):* ignorancia *(avidyā),* egoísmo *(asmita),* apasionamiento *(rāga),* resentimiento *(dveṣa)* y miedo a la muerte *(abiniveśa)*. El primer

25. *SK* 23.

error *(tamas, avidyā)* consiste en la incapacidad de distinguir el *puruṣa* del intelecto, la yoidad, y los cinco elementos sutiles. El segundo es la confusión egoísta, la preocupación por la propia identidad, por un «mío» carente de correlato real (aspecto éste muy budista). La confusión extrema o apasionamiento *(rāga)* hace referencia al apego a los elementos sutiles y a los elementos físicos, al apego a las diez relaciones sociales (padre, hijo, hermano, esposo y amigo, y la contraparte femenina). El cinismo o resentimiento *(tāsmisra, dveṣa)* ante la incapacidad de obtener los logros del espíritu *(siddhi)*. La desesperación *(andhatāmisra)* o el miedo instintivo a morir *(abiniveśa)* es consecuencia de persistir en lo anterior.

En su afán por dar cuenta de todo lo dado, las veintiocho carencias o incapacidades *(aśakti)* designan las disfunciones mentales, motoras o sensibles: enajenados, lisiados o ciegos, glosando además otros trastornos mentales. Pero no todo son calamidades en esta lista. Las nueve satisfacciones *(tuṣṭi)* hacen referencia a lo que se puede lograr, a la felicidad de una vida equilibrada y ecuánime que, sin haber alcanzado los ocho poderes espirituales *(siddhi)*, experimenta las satisfacciones de la contemplación. A diferencia del yoga, estos ocho logros no tienen nada de sobrenaturales y definen muy bien el temperamento filosófico del *sāṃkhya*. Los componen: *1*. el razonamiento y la reflexión, *2*. la formación de la expresión verbal con un maestro adecuado, *3*. el estudio y la dedicación, *4*. la dialéctica, *5*. la actitud abierta y disciplinada, *6*. la progresiva superación de las frustraciones del cuerpo y de la mente, *7*. la progresiva superación de las frustraciones de la vida social y material, y *8*. la progresiva superación de las frustraciones asociadas al renacer.

De las diferentes combinaciones de los elementos anteriores y de la explotación de sus posibilidades, surgen los diferentes tipos de seres: plantas, animales, seres humanos y dioses.

El principio de ordenación

Mucho antes de que la percepción capte el mundo, la imaginación lo transfigure y la acción lo transforme, la inteligencia material *(buddhi)* ha ordenado el cosmos. Sobre ese orden actuarán las diversas potencias del hombre y a ese orden se remite su eficacia. Toda realidad, todo ente, tanto en la cosmología *sāṃkhya* como en la budista, es una posición. Las diferentes posiciones representan correlaciones, y de esas correlaciones derivan las diversas contingencias que asedian la existencia.

Los comentaristas definen este principio de ordenación *(buddhi)* como *adhyavasāya,* término que se puede traducir por «determinación». Ello ha llevado a algunos estudiosos, como Ganganatha Jha, a asociarlo con la noción de *voluntad* (en el sentido que Schopenhauer daba a este término). Pero la determinación que lleva a cabo la *buddhi* es una determinación intelectual, vinculada más al proceso de nombrar, ordenar y distinguir que a los mecanismos del deseo. A la *buddhi* se le atribuye virtud, discernimiento, desapego y, sobre todo, poder. De ella emana el sentido de la identidad *(ahaṃkāra),* del que surgen los once órganos de la sensibilidad y los cinco elementos sutiles, que darán forma a los elementos físicos.

Dado que no existe una diferencia esencial entre causa y efecto (estados latentes o manifiestos), tampoco la habrá entre el sujeto y la acción que realiza. Cualquiera que se encuentra con algo que hacer piensa que se le ha asignado ese trabajo y, finalmente, lo convierte en su deber. Esta inclinación al deber, a la ordenación frente a lo errático, es una característica propia de la *buddhi,* cuya inteligencia debe a su proximidad con el *puruṣa*.[26] Se repite, una vez más, la idea de que la virtud conduce a la prosperidad mediante las prácticas rituales, mientras que del ejercicio del yoga se obtienen poderes físicos y mentales. Frente a estos logros, ya tradicionales, surge un nuevo tipo de conocimiento, el discernimiento intelectual, que consiste en la capacidad de distinguir el mundo natural (constituido por la combinación de los tres *guṇa*) del espíritu sin atributos *(puruṣa)*. En esta discriminación radica la posibilidad de la liberación. Para llegar a ella es necesario experimentar que el sentido de la identidad (la conciencia del yo) es una creación del principio intelectivo (en cierto sentido una ilusión), que tiene como consecuencia el desarrollo de la mente. Ésta, mediante su capacidad de reflexión, se siente dotada de la luz de la conciencia, cuando en verdad sólo la refleja. Así, la mente piensa en el objeto que observa y cree que es ella misma la que lo conoce, cuando en realidad es el *puruṣa* el sujeto de la percepción. Y esto no sólo ocurre en los aspectos cognitivos asociados a la percepción, la conciencia misma de existir es resultado de la presencia del *puruṣa*.

«Pienso, luego existo» resulta una falsa ecuación para el *sāṃkhya*. En primer lugar, porque el *sāṃkhya* pone en entredi-

26. *TK* 144.

cho la pertenencia del pensar al sujeto empírico, y, en segundo lugar, porque cuestiona la equivalencia entre pensar y existir.

Como veremos más adelante, al principio de ordenación le corresponde la tarea más difícil, que da acceso a la liberación, encontrar la diferencia entre *prakṛti* y *puruṣa,* desmontar el engranaje del mundo, que es precisamente la confusión entre la naturaleza primordial y la conciencia original.

El sentido de la identidad

En el estadio evolutivo anterior no había todavía una diferenciación entre la acción de determinar y el agente que determina. Ahora se observan los resultados. El principio intelectivo deriva en reflexión, presuponiendo un «yo». De este modo, surge el sentido de la identidad *(ahaṃkāra)*. El yo encuentra, tanto en sí como fuera de sí, cierta potencia y cierta resistencia. La dualidad de lo individual es precisamente la que permite concebirlo no como una entidad separada de las demás, sino como una «personalidad» que no se encuentra propia y exclusivamente en ella misma, sino que es consecuencia natural del principio intelectivo. Lo cósmico se ha hecho personal. De ahí que se considere al yo como un vehículo que asimila el pensamiento de otro (en este caso de la *buddhi,* donde se refleja la conciencia del *puruṣa*) y su presumida acción (del yo) es en sí teatro y no fuente. Ésta es quizá la idea más original de la filosofía *sāṃkhya*: la inspiración (la fuente) es el *puruṣa,* que se encuentra fuera del mundo, y el individuo, su teatro. El individuo como escenario de un drama cósmico. Hay algo muy budista en todo esto. Lo que llamamos seres y lo que convencionalmente consideramos individuos son espacios donde resuena la libertad del *puruṣa,* y lo que esta doctrina propone es, mediante el discernimiento, lograr oír esa música. No con el objetivo del recreo o del juego, sino para llevarla a una expresión plena y definitiva donde ya no cabe sufrir.

De ambos, del intelecto y del sentido de la identidad (*buddhi* y *ahaṃkāra*), surgirá la mente *(manas),* con capacidad para la acción y para la sensación. Naciendo así lo subjetivo. ¿Cómo se explica este proceso? El principio de individuación *(ahaṃkāra)* se desdobla en lo psíquico y lo somático (ambas evoluciones rigurosamente materiales). Al primero pertenece la capacidad de explicar y formar conceptos *(saṃkalpa),*[27] el pensamiento reflexivo *(manas),* las facultades sensibles *(buddhīndriya)* y la capacidad de actuar *(karmendriya).* En paralelo surgen los elementos sutiles *(tanmātra).* La función hace al órgano, y estos elementos sutiles, en su faceta tamásica, crean los elementos toscos *(mahabhūtas)* que constituyen el mundo físico.

Desde una perspectiva objetiva, el *sāṃkhya* define la transformación continua de la materia como un proceso tripartito, cuya actividad se atribuye a *rajas,* su ordenación a *sattva* y su objetivación a *tamas*. Desde una perspectiva subjetiva, estas tres funciones se traducen en diversos estados emocionales: inquietud *(rajas),* discernimiento *(sattva)* o confusión *(tamas).* Toda la actividad del mundo, ya sea físico o psíquico, se mueve siguiendo estos parámetros: la inquietud busca permanente-

27. *SK* 27.

mente la satisfacción, el discernimiento, la contemplación, la confusión, la estabilidad. Aunque el discernimiento encuentre ocasionalmente estados de dicha, la búsqueda de satisfacción tiende inevitablemente hacia la frustración y la incertidumbre. El entendimiento cabal de dicha situación (según esta taxonomía) constituye el remedio para superar esos estados de abatimiento.

Nos encontramos ante un peculiar materialismo. La mente y sus intenciones, el pensamiento y sus ideas, las sensaciones, las esperanzas y los temores, el placer y la contemplación, el discernimiento y la reflexión, asociados a *sattva* y *buddhi,* no se diferencian esencialmente de otros estados opacos y tortuosos, asociados a *tamas* y *moha,* e incluso, aunque se encuentren en peldaños inferiores del proceso evolutivo, no se diferencian de lo inerte e inactivo, de lo ineficaz o de lo que carece de capacidad de reacción *(tanmātra, bhūta)*. De modo que la distinción convencional entre lo subjetivo y lo objetivo obedece a diferencias evolutivas y no esenciales o de raíz. Ambas son consecuencia natural de la combinación trigúnica. Tanto los productos más refinados del intelecto como las vetas más duras del mineral tienen su origen en dicha naturaleza primordial. La conciencia de existir, el recuerdo o la evocación, la imaginación o el deseo son, desde esta perspectiva, procesos materiales. Pasado, presente y futuro resultan de la actividad trigúnica. Todo lo que existe, todo lo que existió y existirá, desde el gran Brahmā hasta la más insignificante brizna de hierba *(brahmā-dis-tambaparyantaḥ),*[28] es resultado de dicha interacción.

28. *SK* 54.

Pero los agentes activos en las transformaciones de la *prakṛti* tienen ya una dirección u orientación. No podría haber gratificación si no hubiera una libertad posible, no podría haber discernimiento sin la existencia de discernibles, y no habría incertidumbre si no existiera alguien buscando una aclaración. Todas estas actividades se encuentran imbricadas y cada uno de los *guṇa* presupone a los demás,[29] son como la mecha, el aceite y la llama, que cooperan en la producción de la luz.[30] Como señala acertadamente Larson, no encontramos dentro del proceso tripartito una polaridad o bifurcación de lo objetivo y lo subjetivo, no hay aquí una distinción ontológica entre mente y materia o pensamiento y extensión.[31] El dilema subjetivo del flujo de experiencias del individuo es el reverso del dilema objetivo de la materia, son dos descripciones complementarias del modo en que se desenvuelve espontáneamente la naturaleza primordial (ante la presencia del *puruṣa*), ordenamiento racional y determinación objetiva. Es decir, el flujo de experiencias subjetivas, donde se combinan el desasosiego, la contemplación y la confusión no es diferente de la objetividad, coherencia y tendencia de la naturaleza primordial. El dilema del mundo es el dilema del individuo.

29. *SK* 12.
30. *SK* 13.
31. Larson (1987, 67).

La mente

Detengámonos ahora en uno de los órganos de los sentidos más singulares, el principio reflexivo: la mente *(manas),* sede y centro de operaciones de todos los restantes. Las impresiones de los sentidos se definen en el *sāṃkhya* como el efecto inmediato del sentido de la identidad. La mente es la única facultad que toma parte de los sentidos objetivos y subjetivos, es decir, en la percepción cognitiva *(buddhīndriya)* y en la facultad de actuar *(karmendriya),* si no fuera así, la acción no sería posible. Esto no quiere decir que los sentidos no actúen, lo hacen, pero su actividad sólo es reconocida mediante la intervención de la mente, que es donde se asocian los dos ámbitos y se generan las intenciones. Las características que definen a *manas* son la reflexión y el pensamiento.

¿De dónde procede la actividad de los sentidos? ¿Se trata de una actividad eterna o ha tenido un comienzo? Los textos reconocen cierta ansiedad en esta actividad, los sentidos se ven impelidos incesantemente a cubrir sus necesidades. ¿Y qué hay detrás de esas apremiantes necesidades? La respuesta de los comentaristas es optimista: la liberación del *puruṣa.* Ése es el objetivo último que mueve toda acción sensible, ése es el aliento, la mayoría de las veces ignorado, de la sensibilidad. Si no fuera así, el espíritu sería incapaz de discriminar entre sí mismo y el mundo natural inanimado. De modo que ese ímpetu se considera la respuesta al juego del espíritu, que se recrea y diversifica a través de la materia para, posteriormente, liberarse de ella. Otra taxonomía (recordemos que ésta es una filosofía de la enumeración) clasifica los órganos en trece, internos y externos. Los tres órganos internos son el principio intelectivo *(buddhi)*, el sentido de la identidad *(ahaṃkāra)* y la mente *(manas)*. Los externos (diez restantes): las cinco facultades sensibles *(buddhīndriya)* y las cinco facultades activas *(karmendriya)*. El sentido de esta nueva clasificación apunta a una caracterización de la naturaleza del tiempo. Los órganos externos operan únicamente en el presente, mientras que los internos operan en relación con el pasado, el presente y el futuro (aunque sería más propio decir que actúan en el origen: el *puruṣa*). De los órganos externos, las facultades de la percepción operan tanto sobre los elementos sutiles como sobre los físicos, mientras que las cinco facultades de acción operan únicamente sobre los elementos físicos. De nuevo se subraya la superioridad, tanto creativa como de alcance, de la percepción sobre la acción. Es claro que esta clasificación supone también una jerarquía. Los órganos internos tienen la capacidad de actuar sobre el resto de principios *(tattva)* de lo real y a lo largo de todos los segmentos de la flecha del tiempo. De todos ellos, la *buddhi* es el supremo, dado que el sentido del yo *(ahaṃkāra)* y la reflexión *(manas)* operan sobre sus respectivos campos y presentan sus resultados al voluntarioso principio intelectivo *(buddhi)*, que a su vez las remite, con sus propias adiciones y modificaciones, al ojo «discriminativo» del *puruṣa*. De modo que puede considerarse a la *buddhi* como representante del espíritu en el mundo natural, pues no sólo produce el mundo material para recreación (y a la postre liberación) del *puruṣa*, sino que sirve también de enlace entre el ámbito material y el ámbito del espíritu.

La mente es reflexiva en tanto que suministra formas y cualificaciones a la percepción directa de las cosas, distinguiendo lo semejante de lo diferente, atribuyendo propiedades e identificando objetos.[32]

Al ser producto de la naturaleza primordial, tiene una naturaleza gúnica y su función cognitiva consiste en adquirir la forma de los objetos que conoce mediante la transformación de su propia constitución interna. Se trata de una sustancia altamente maleable, capaz de adoptar formas muy diversas en función del recorrido de su experiencia. Esa flexibilidad no implica en modo alguno que la mente contribuya a crear el mundo, aunque sí al modo de experimentarlo.

Se plantea entonces la cuestión de si la mente debe considerarse uno de los sentidos. Se responde afirmativamente, dado que tiene propiedades similares a éstos. Respecto a cómo una entidad tan multifacética puede derivarse de un único principio *(ahaṃkāra)*, se contesta (sin entrar en detalles) que debido a las modificaciones específicas de los *guṇa*.[33] Sea como fuere, se postula la continuidad entre lo inteligible y lo sensible.

Los tres órganos internos: el principio intelectivo, el sentido de la identidad y la mente (*buddhi, ahaṃkāra* y *manas*) se diferencian por las diversas funciones que desempeñan. El principio intelectivo se caracteriza, como dijimos, por la determinación *(adhyavasāya)*. El sentido de la identidad se caracteriza por la autoafirmación del ente *(abhimāna)*. Y la mente se caracteriza por la reflexión o deliberación *(saṃkalpa)*.[34] Estos «órganos internos» son agentes activos en el despliegue de la

32. *TK* 155.
33. *TK* 157.
34. *TK* 160.

naturaleza primordial, cuya evolución transformadora y diversificadora da forma al universo mediante el proceso evolutivo que va de lo latente *(avyakta)* a lo manifiesto *(vyakta)*.

Además de esta función cosmogónica, los órganos internos crean las condiciones que hacen posible la vida de los organismos psicofísicos, llevando a cabo una función común: el mantenimiento de la vida mediante la circulación del aire vital *(prāṇa)*. Ya en la *Chandogyaupaniṣad* se mencionaba el *mukhya prāṇa* como el principio sutil de la vida y el elemento regulador del metabolismo, que sirve de enlace entre lo anímico y lo corporal y, en ocasiones, se identificaba con el principio original *(brahman)*.[35] Vācaspati Miśra especifica los diferentes tipos de aire vital que recorren los conductos energéticos del cuerpo. El aire vital de la respiración, que mantiene la vida del conjunto (reside en la punta de la nariz, el corazón, el ombligo y los dedos gordos de los pies), se denomina *prāṇa*. El aire descendente, que realiza las funciones de evacuación, se denomina *apāna* y reside en la espalda. El aire que se ocupa de la digestión es el *samāna,* el aire ascendente es *udāna* (en la garganta), asociado con la exhalación, y *vyāna* el aire difuso que circula por todo el cuerpo y reside en la piel.[36]

35. *CU* 1. 8. 4.
36. *TK* 161.

El cuerpo insigne

El término sánscrito *liṅga* goza de gran riqueza semántica: es el signo distintivo, la marca, la señal. Es también el órgano sexual masculino, cuya expresión religiosa y devocional es el falo de Śiva. En gramática, es el género; en lógica, el signo inferencial. Para la filosofía *sāṃkhya*, es el cuerpo insigne *(liṅgaśarīra)* que hace efectiva y explica la transmigración. Dicho cuerpo se encuentra marcado o señalado por las existencias previas y, dado que no se halla constituido por los elementos físicos (aunque como veremos se adhiere a ellos), se lo llama también cuerpo sutil. Siendo producto de la naturaleza primordial, no conoce limitaciones espaciales o temporales y dura todo el tiempo que dura un ciclo cósmico, de ahí que *liṅgaśarīra* se traduzca a veces como «cuerpo astral».

El cuerpo insigne es un agregado compuesto por los tres órganos internos (*buddhi, ahaṃkāra* y *manas*), los diez órganos externos (*buddhīndriya* y *karmendriya*) y los cinco elementos sutiles *(tanmātra)*. Es incapaz de tener experiencias, pero se ve afectado por las ocho inclinaciones del ámbito proyectivo que afectan a la *buddhi* y, debido a ello, renace. Se encuentra prendido del cuerpo físico, que se compone de los cinco elementos *(bhūta):* espacio, agua, fuego, aire y tierra, y es el factor que lo anima y le da vida. En el momento de la muerte, el cuerpo insigne se desprende de estos elementos físicos y transmigra. Llegado el momento de la disolución cósmica, el *cuerpo astral* se reabsorbe en la que fue su causa, la naturaleza primordial *(prakṛti* o *pradhāna)*.[37] Este

37. *SK* 40.

agregado no puede subsistir sin el soporte de los cinco elementos sutiles: lo sonoro, lo luminoso, lo táctil...[38] El cuerpo sutil actúa impulsado por el propósito del *puruṣa* gracias al poder omnipresente de la *prakṛti*. Se lo compara con un actor que asume diferentes papeles, pues, al asociarse con las diversas predisposiciones de la *buddhi*, asume diferentes cuerpos.[39] Es, por tanto, el sujeto que transmigra y experimenta el sufrimiento del nacimiento y la muerte. El *puruṣa*, reflejado en el cuerpo sutil a través de la *buddhi*, experimenta ese dolor como si fuera en su propio cuerpo.[40]

La escuela *sāṃkhya*, como la mayoría de las tradiciones de pensamiento indias, abordó también la cuestión de lo que ata y de lo que libera, ofreciendo su propio modelo del proceso del renacimiento y la transmigración. Ya hemos visto que los veintitrés principios, desde la *buddhi* hacia abajo, constituyen un mecanismo articulado por el proceso trigúnico, que funciona como una especie de ley de conservación de la energía que gobierna las evoluciones de la materia siguiendo una estricta causalidad *(karana/karya)*. Sin embargo, como hemos visto, el ámbito constitutivo no agota lo real. A él se añade un ámbito proyectivo *(pravṛtti)* y un ámbito final (o de los frutos: *phala*). Al primero pertenecen las ocho inclinaciones de la *buddhi*,[41] de las que ya hemos hablado, que se agrupan en cuatro parejas: la predisposición o rechazo del *dharma*, la inclinación al conocimiento *(jñāna)* o la ignorancia *(ajñāna)*, el afecto por el poder *(aiśvarya)* o la impotencia *(anaisvarya)*, y el apego *(avairāgya)*

38. *SK* 41.
39. *SK* 42.
40. *TK* 55.
41. *SK* 23.

o desapego por las cosas *(vairāgya)*. Todas estas predisposiciones, que representan las posibilidades de la *buddhi,* se denominan «causas eficientes» *(nirmitta)* y tienen como consecuencia las diversas trayectorias del *liṅga* en el *saṃsāra:* ascendente *(urdhva)* o descendente *(adhastat),* liberadora *(apavarga)* o encadenadora *(bandha),* de dominio sobre la vida *(avighāta)* o de descontrol *(vighata)* y de tendencia hacia la inmersión en la naturaleza primordial *(prakrtilaya)* o de empeño y compromiso con el *saṃsāra*. Estas predisposiciones del *liṅga* son innatas, pero puede modificarse el dominio o intensidad que una ejerce sobre la otra a lo largo de una vida.[42]

El *liṅga* o cuerpo sutil es el encargado de transportar un conjunto o constelación de dichas inclinaciones de una existencia a la subsiguiente, integrándolas en el cuerpo físico. Éstas funcionarán como una especie de código genético en el nuevo ser, predisponiéndolo a determinados cursos de existencia. Sin embargo, dicho *liṅga* no puede operar sin la existencia de un cuerpo físico, que se describe atravesado por cinco vientos o alientos: respiración *(prana),* excreción *(apana),* digestión *(samana),* aliento ascendente *(udana)* y aliento difuso *(vyana)*.[43] Es interesante observar cómo el autor del *Yuktidīpikā* relaciona estos «vientos» con ciertas actitudes de la vida en común. La fisiología cumple aquí una función social. *Prāṇa* se asocia con la obediencia, *apana* con el medrar, *samana* con la solidaridad, *udana* con el sentido de superioridad y *vyana* con la devoción y el amor. De nuevo estamos cerca de Hipócrates.

42. *SK* 23.
43. *SK* 29.

Los cinco *móviles* o fundamentos de la actividad *(karmayoni)*, que la *Yuktidīpikā* relaciona con los cinco *alientos* mencionados, son la perseverancia *(dhṛti)*, la fe *(sraddha)*, el deseo de satisfacción *(sukha)*, el deseo de conocer *(vividisa)* y el deseo de ignorar *(avividisa)*.

Todos estos factores configuran las diferentes rutas del renacer, organizando el mundo psicofísico de los seres en diferentes ámbitos (divinos, humanos, animales), que son las diversas formas de vida consciente aceptadas por la tradición *sāṃkhya*. Como en el budismo, el ámbito de la existencia se compone de una serie de paraísos (ocho), donde moran los dioses, a éstos hay que añadir el ámbito humano y cinco ámbitos animales. Mediante el desapego, se obtiene un estado de absorción en los elementos sutiles de la materia, disfrutando temporalmente de un estado de dicha, pero volviendo a renacer bajo atadura. Esta taxonomía es consecuencia de la distribución constitutiva de los *guṇa* en cada uno de los seres, así, *sattva* predomina en los paraísos, *rajas* entre los hombres y *tamas* en los mundos inferiores. Pero todo este proceso de distribución del ser tiene su origen en la *prakṛti*, cuyo propósito es atender las necesidades de un espíritu *(puruṣa)* con sed de aventura (diversificación, pseudoatadura y pseudoliberación). Y *prakṛti* pasa a describirse como la gran benefactora (la madre), que no exige al espíritu compensación alguna por sus esfuerzos. El *puruṣa* buscará emanciparse, aunque en realidad nunca ha estado atado. Cuando lo logre, la materia se retirará como lo hace una actriz una vez cumplido su papel en la escena. Y todas las inquietudes y zozobras que el espíritu creía propias le parecerán ahora ilusiones. Ya hemos mencionado que ninguna de las grandes filosofías de India puede entenderse al margen del concepto de liberación. El movimiento hacia la adquisición de la libertad, la reacción frente a algún tipo de coacción, derivado de la naturaleza constitutiva del ser, constituye el *leitmotiv* del pensamiento indio. De hecho, puede decirse que la filosofía surge como justificación teórica de una liberación que se da por supuesta. Cada una de las escuelas traza su propio mapa hacia ese logro, y el *sāṃkhya* no es una excepción. Mediante la virtud, el *liṅga* asciende a ámbitos elevados de existencia, pero la emancipación definitiva es consecuencia del discernimiento filosófico. Dicho logro pasa por un entendimiento cabal del *sāṃkhya*, por una comprensión experiencial de las relaciones entre el espíritu *(puruṣa)* y la materia *(prakṛti)*. En ella, el espíritu descubre su verdadera naturaleza (despojada de la materia con la que parecía comprometida) y pasa a contemplarse a sí mismo sin atributos (al margen de los tres *guṇa* que constituyen el mundo material), recobrando así su estado legítimo.

Las facultades

Dentro del dualismo particular que presenta la cosmología *sāṃkhya*, se produce un nuevo desdoblamiento a partir del sentido de la identidad *(ahaṃkāra):* un mundo mental y un mundo físico, un mundo interno, que podríamos llamar psicológico, y otro externo, aunque estrictamente los dos sean evoluciones de la naturaleza primordial y carezcan de actividad consciente propia. El primero lo componen el grupo de once (la mente, los sentidos y las capacidades), mientras que el segundo se encuentra constituido por los cinco grandes elementos *(mahābhūta)* o elementos físicos. Ambos son consecuencia de la actividad de *rajas*. La diferencia fundamental entre ellos es que el primero, el grupo de once, participa en alto grado del *guṇa sattva,* siendo, por tanto, luminoso e iluminador (aunque su luz sea prestada). El segundo, sin embargo, es consecuencia del sentido de la identidad cuando es afectado principalmente por el *guṇa tamas*.[44] La actividad y las transformaciones a que dan lugar estos mundos internos y externos no serían posibles sin el impulso de una fuerza motriz, representada por el *guṇa rajas,* dado que *sattva* y *tamas* son, cada uno a su manera, inactivos, ineficaces y sin capacidad para la acción.

Así, las facultades *(indriya)* se definen como el efecto inmediato del sentido de la identidad y se encuentran constituidas principalmente por la luminosidad reflejada del *sattva*. Éstas se dividen en dos tipos: aquellas asociadas a la percepción *(buddhīndriya)* y aquellas asociadas a la acción *(karmendriya)*.[45] Según Vācaspati Miśra, se denominan *indriya* por tener las cualidades de Indra. En estas facultades hay que incluir la mente *(manas),* la más sofisticada de todas ellas y el centro de operaciones tanto de la percepción como de la acción. La mente se define como facultad deliberativa *(saṃkalpaka)* y principio reflexivo.[46] Es reflexiva en tanto que suministra formas y cualificaciones a la percepción directa de un objeto, es

44. *SK* 25, *TK* 151-152.
45. *SK* 26, *TK* 153.
46. *SK* 27, *TK* 154.

deliberativa en tanto que distingue lo semejante de lo diferente, atribuye propiedades e identifica.[47] Respecto a la percepción, que se sirve de los tres órganos internos, puede ser instantánea o gradual.[48] Mientras que respecto a lo invisible es necesario inferir a partir de lo percibido o escuchado en testimonios dignos de confianza. En este último caso, los órganos internos operan sin la ayuda de los externos, pero se sirven de los tres medios válidos de conocimiento reconocidos por el *sāṃkhya*, que analizaremos más adelante, cuando hablemos de la epistemología.

Elementos sutiles y elementos físicos

Ya hemos visto que la primera manifestación de la naturaleza primordial es fundamentalmente *sáttvica* y que de dicho fundamento *(buddhi)* emerge el resto del cosmos. Decir que el primer producto que destila el universo es la inteligencia es decir ya mucho. Esa primera luz comprende la inteligencia de todo organismo individual, de lo que es y de lo que proyecta ser, además de los elementos físicos *(bhūta)* resultado de la evolución cósmica. No estamos hablando únicamente de la inteligencia de los cuerpos («No sabemos cuánto sabe un cuerpo», decía Spinoza): la respiración, la percepción o la destreza, sino también de la inteligencia de los elementos: la inteligencia del agua, el fuego o el espacio.

47. *TK* 155.
48. *SK* 30, *TK* 162-163.

Este primer estadio de la evolución es denominado *buddhitattva,* que crea gradualmente un sentido de autoafirmación *(ahaṃkāra).* A partir de aquí ocurre la bifurcación que mencionábamos en el apartado anterior, dando paso a dos corrientes evolutivas, una sáttvica y otra tamásica, en cada una de las cuales se forma un sentido del yo o de la propia identidad. El *guṇa rajas* sirve en ambas de elemento dinamizador de las transformaciones. La primera corriente desarrollará las capacidades cognitivas del organismo (la mente y los sentidos), así como sus capacidades de acción. La segunda corriente producirá, gracias al carácter sáttvico de la *buddhi,* formas aladas, los llamados elementos sutiles *(tanmātra),* y mediante sus componentes tamásicos, formas pesadas, los elementos físicos *(mahābhūta),* que se caracterizan por su homogeneidad, inercia y solidez.

Del sentido de la identidad *(ahaṃkāra)*, surgen los elementos sutiles *(tanmātra),* cuya naturaleza es percepción. Éstos tienen capacidad generativa y crean los grandes elementos *(mahābhuta)* o lo que podríamos llamar elementos físicos. ¿Cómo se realiza esta operación? Del primer elemento sutil, el sonido, surge el Espacio *(ākāśa),* que tiene como característica primordial lo sonoro *(śabda),* entendido implícitamente como una vibración del espacio. De la combinación del sonido con el segundo elemento sutil, lo táctil *(sparśa),* surge el Aire o Viento *(vāyu),* que tiene como características fundamentales lo táctil y lo sonoro. Del mismo modo, de la fusión de lo sonoro, lo táctil y lo visual *(rūpa),* procede el elemento Fuego *(tejas),* asociado a lo luminoso. Si a estos tres les añadimos el gusto *(rasa),* surge el elemento líquido, el Agua *(jala).* Finalmente, de la combinación de los cuatro elementos sutiles con el olfato *(gandha)* surge el elemento Tierra *(pṛthivī)*.[49]

La palabra sánscrita *bhūta* designa lo que ha ocurrido, lo formado y creado, lo pretérito y anterior (de ahí que la mitología lo asocie con fantasmas y espectros). Los cinco grandes elementos o elementos físicos, Tierra, Agua, Fuego, Aire y Espacio, son *bhūta* precisamente por ser una formación o sedimento de los elementos sutiles. De nuevo, el énfasis generativo se localiza en la percepción, algo muy común en la filosofía india. Lo perceptivo crea el ámbito donde desarrollarse. La función hace al órgano. El espacio se considera evolución del sonido, el aire consecuencia del tacto, el fuego de la forma, el agua del gusto y la tierra del olfato.

Esa predominancia de los elementos sutiles *(tanmātra)* sobre los físicos *(mahābhūta)* se hace patente en la duración de los mismos. Los primeros son eternos, mientras que los segundos son perecederos y se desvanecen cada vez que se cierra un ciclo cósmico y el universo se diluye *(pralaya)*, entrando en un estado latente *(avyakta)*, en el que los *guṇa* regresan al equilibrio.

Lo contingente y lo limitado, lo que se da en el mundo natural, se define aquí como «ser para otro», y se representa mediante el principio femenino. Como hemos visto, el mundo natural, emanado de la naturaleza primordial *(prakṛti)*, tiene como elementos constitutivos los tres *guṇa*, que en última instancia consisten en sensaciones de dicha *(sattva)*, inquietud

49. *TK* 143.

(rajas) o confusión *(tamas)*. Todo lo originado a partir de la *buddhi* (el principio intelectivo) tiene esa condición «transitiva», del mismo modo que los objetos, una silla o un vestido, tienen todos su función, «son para» (sentarse, abrigarse). De nuevo, la inferencia tiene aquí una naturaleza típicamente experiencial (más que experimental), muy característica del *sāṃkhya*. Estamos acostumbrados a explicar la percepción partiendo de los elementos físicos o materiales (el órgano sensible, el fotón, la neurona, etc.), pero aquí es la materia la que se explica mediante lo que se experimenta, mediante lo que se percibe o siente: dicha, inquietud y confusión.

Esta matización es importante en el conjunto del sistema, pues el razonamiento para justificar la existencia del *puruṣa* se basa en esa condición experiencial del conocimiento. Desde esta perspectiva, la experiencia se estructura mediante sensaciones (*sattva, rajas* y *tamas*) en continua fluctuación e interacción. Explicar dicho proceso de transformación en función de otros estados cuya naturaleza sería también trigúnica nos llevaría a una regresión infinita.[50] Se hace necesario postular un fundamento estable a todo ese cambio, inferir el reverso del mundo natural (el reverso de todas nuestras experiencias sensibles y reflexivas). Siendo el mundo natural discreto, subjetivo, inquieto; dicho reverso deberá ser completo, objetivo, sereno, y eso es el *puruṣa*. Un fin en sí mismo y no un «ser para otro», como es lo natural.

Siguiendo este razonamiento, se infiere la existencia de un espíritu, al margen de la materia, que constituya la sede de las

50. *TK* 121.

experiencias, ya que la materia se considera ciega, algo así como un puro mecanismo inconsciente. Cada uno de nosotros experimenta cotidianamente sensaciones agradables o desagradables, placenteras o dolorosas.

¿En quién se producen? No en el sujeto empírico, que está hecho de esas mismas sensaciones, sino en una entidad más allá de la propia sensación. Como se ha dicho, si las sensaciones fueran agradables o desagradables para la intelección *(buddhi)* y sus derivados, ello implicaría un argumento circular: la sensación no puede ser sujeto de la sensación, dado que la intelección misma se encuentra constituida por ellas.[51] De modo que todo aquello que es dicha, inquietud y confusión debe ser evaluado por un agente externo, independientemente de esa tríada. Hay otra posible interpretación de esta estrofa, que aduce que *bhogya* (disfrutable) significa «visible», y la visibilidad de la *buddhi* y del resto de sus configuraciones no sería posible si no existiera un observador externo, más allá del mundo natural. Ese testigo externo es el *puruṣa*.

Epistemología

El *sāṃkhya* reconoce tres medios válidos de conocimiento *(pramāṇa)*, mencionados en las estrofas cuarta y quinta de la *Saṃkhyakārikā:* la percepción *(pratyakṣa, dṛṣta)*, la inferencia *(anumāna)* y el testimonio fidedigno *(āptavacana)*. Lo que nos

51. *TK* 123.

da la sensibilidad, lo que nos da la lógica y lo que nos da el lenguaje y la tradición. Respecto a la inferencia, los filósofos del *sāṃkhya*, conscientes de que el razonamiento nunca es neutral, añadieron cinco condiciones previas, registradas en el *Yuktidīpikā*: el deseo sincero de conocer *(jijñāsā)*, la ocasión para dudar (*saṃśaya,* no siempre es momento para dudas), el propósito de la empresa *(prayojana)*, la probabilidad de encontrar una solución *(śākyaprāpti)* y la eliminación de extravagantes recelos *(saṃśayavyudāsa)*.[52]

Se enlistan además tres tipos de inferencia: del efecto respecto a la causa, de la causa respecto al efecto y la analógica. Y se distingue entre el signo inferencial *(liṅga)* y su portador *(liṅgin)*. Tanto la inferencia como el testimonio verbal nos permiten ver allí donde no alcanzan los sentidos.[53] Ambos posibilitan la especulación en torno al cuerpo insigne, la naturaleza primordial o la conciencia original. El conocimiento se concibe como un proceso en el que participan el órgano interno junto con las facultades sensoriales. El llamado órgano interno *(antaḥkaraṇa)* se encuentra constituido por la inteligencia primordial *(buddhi)*, el sentido de la identidad *(ahaṃkāra)* y la mente *(manas)*. Estos tres elementos constituyen lo que llamaríamos hoy el aspecto psíquico del individuo, aunque habría que matizar que esa psicología se encuentra enraizada en el origen

52. Pandeya (1967, 40-41).

53. *SK* 6. Nos sorprenderíamos si enumeráramos todas las cosas que sabemos gracias al testimonio verbal y respecto a las cuales no tenemos la menor duda. Nuestra visión del mundo se construye a partir de lo aprendido, sobre todo durante la enseñanza secundaria. Todos creemos que la Tierra gira alrededor del Sol, que Australia es una isla, que el Everest es la montaña más alta del mundo, aunque no lo hayamos comprobado mediante ningún experimento o mediante la observación directa.

del universo. Este componente psíquico es un producto de la evolución de la materia, es, por así decirlo, un materialismo psíquico, y como tal carece de conciencia. La conciencia que aparenta tener es ilusoria, resultado del reflejo de la conciencia original *(puruṣa)* en el órgano interno *(antaḥkaraṇa)*. Estamos, pues, ante lo que podría llamarse monismo materialista (a nivel empírico), que cosmológicamente incorpora un factor, la conciencia, superordinada a la materia, que mantiene unas relaciones con ella que no encajan completamente en los parámetros del dualismo. Aunque generalmente se ha dicho (desde Garbe) que el sistema reconoce dos sustancias increadas y eternas, irreductibles entre sí y esencialmente diferentes, las propias metáforas que ofrece la tradición, como veremos, muestran que no hay entre ellas ni paridad ni equilibrio.

Pero el órgano interno no tendría la luminosidad que aparenta tener sin la presencia del *puruṣa,* que es el verdadero sujeto del conocimiento. Cuando la mente humana conoce, no es el yo o la mente individual el que conoce, no es el sujeto empírico, sino la conciencia del *puruṣa* que, desde fuera del espacio y del tiempo, se conoce a sí misma. Ésta es la característica más peculiar de la epistemología *sāṃkhya*: el afirmar que todos los conocimientos que puedan acumular los seres conscientes por cualquiera de estos medios son por y para el *puruṣa* (una pluralidad de *puruṣas,* como veremos). A él están destinados y en él encuentran finalidad.

Si todo acto de conocimiento está dirigido a las «necesidades» del *puruṣa,* nos encontramos ante un radical materialismo cuya epistemología es metafísica (el *puruṣa* trasciende el espacio-tiempo creado por la *prakṛti*). Ésa es la anomalía que hace del *sāṃkhya* un sistema inclasificable. El *puruṣa* no es esto ni es aquello (evocación del *neti neti* de las *upaniṣad*), se encuentra más allá de lo fenoménico, y al mismo tiempo es la presencia inmanente, el testigo que hace posible todo acto de conocimiento.

Hay que repetirlo: aunque el *puruṣa* carezca de intenciones y de contenido, hace «propios» los contenidos del proceso tripartito, reflejándose en ellos. Y dicha confusión es el fundamento no sólo de la atadura y la frustración de los seres, sino también del mundo fenoménico del espacio, el tiempo y la causalidad. Pero el correcto discernimiento de esta situación puede deshacer el malentendido del mundo y del sufrimiento. Por ello, el *sāṃkhya* es, quizá más que ningún otro, el sistema más estrictamente filosófico de todos los sistemas indios, el más alejado de presuposiciones rituales y religiosas. En el acto mismo del discernimiento filosófico es donde radica la única y definitiva transformación.

La posición de la conciencia

Como se ha podido entrever por lo dicho hasta ahora, la conciencia sin contenido que representa el *puruṣa* no es en modo alguno una conciencia moral. No supone un conocimiento del bien y del mal, pero se encuentra relacionada con otro de los aspectos que comúnmente atribuimos a la conciencia: la percatación o reconocimiento de algo, una cualidad o modificación interna experimentada por la propia mente. Al margen de su sentido moral, el término latino *conscientĭa,* calco del griego *συνείδησις,* puede desdoblarse en tres sentidos: el psicológico, el epistemológico y el metafísico. Con relación al primero, la conciencia es el apercibimiento de la propia identidad, aunque también puede hablarse de la conciencia de un objeto o de una situación, siendo éstas conscientes en tanto constituyen modificaciones del yo psicológico. De ahí el salto al sentido epistemológico, para el cual la conciencia es el sujeto del conocimiento, estableciendo una relación: [conciencia/sujeto] ↔ [objeto]. Sólo en su significado metafísico, las nociones occidentales de conciencia se acercan a la idea del *sāṃkhya*. Dada su naturaleza originaria, el *puruṣa* no sólo es previo a cualquier realidad psicológica o epistemológica, sino el fundamento mismo de estas realidades. El vínculo común a estos tres sentidos es el carácter unificado y unificante de la conciencia. La conciencia es, en este sentido, una tendencia hacia la unidad y el fundamento mismo de la unidad. Una unidad plural, como en las mónadas de Leibniz, pues innumerables son los *puruṣa,* que no debería confundirse con el sentido del yo, que en el sistema *sāṃkhya* constituye un derivado, tardío y material, del principio de inteligibilidad *(buddhi).*

Dicha relación del *puruṣa* con el acto de apercibirse de algo, ya sea interno o externo, hay que matizarla. Para el *sāṃkhya*, la conciencia no es una facultad que puedan ejercer o no los seres, sino una realidad metafísica que trasciende el espacio y el tiempo, que se encuentra más allá de toda contingencia y de toda transformación. Lo que los seres hacen cuando son conscientes de algo es ejercer una actividad mental *(cittavṛtti)* propia, combinación de los tres órganos internos (*buddhi, ahaṃkāra* y *manas*). Y hay un modo de dicha actividad que es capaz, mediante el discernimiento de la diferencia entre esa misma actividad y la conciencia metafísica del *puruṣa*, de «liberar» al *puruṣa*. Desde esta perspectiva puede decirse que la conciencia humana no es intencional, aunque se cree intencional; es conciencia refleja, aunque se cree directa; carece de objeto, aunque se cree sensitiva e intelectiva. La tradición filosófica europea ha disputado desde antiguo sobre la intencionalidad de la conciencia, generalmente los que la han considerado una cosa entre las cosas han negado su intencionalidad, considerándola simplemente una facultad y un foco de actividades. Mientras que en la tradición filosófica cristiana (Agustín, Tomás de Aquino, Descartes) han optado por la naturaleza intencional de la conciencia. El *sāṃkhya*, como hemos podido comprobar, admite el carácter metafísico de la conciencia y asume sin cortapisas la consecuencia lógica de esta premisa: la falta de intencionalidad de la conciencia. Para esta filosofía, la identidad de la persona, sólo asumible en su liberación, no es un asunto empírico, sino trascendental. ¿Cómo se justifica ese tránsito gradual de la conciencia empírica a la conciencia pura? Aunque para algunos de sus valedores se trate de la propuesta más original, para sus detractores constituye el talón de Aquiles del sistema.

No encontramos aquí la idea hegeliana de una conciencia trascendiéndose continuamente a sí misma, ni un despliegue de la conciencia que se identifique con el despliegue de la realidad, tampoco la identificación de los grados o figuras de la propia conciencia a lo largo de todo el proceso. La conciencia sin contenido del *puruṣa* es inactiva e independiente del mundo empírico, carece de intencionalidad, no es ni continente ni contenido, pero se «refleja» en dicho mundo empírico. El sistema no especifica las condiciones de ese vínculo o imbricación, tampoco identifica la conciencia con la existencia. El *puruṣa* no es una extensión de la vida, sino su fundamento último. En este sentido carece de temporalidad, especialidad, historicidad, memoria y duración. No es posible definirlo mediante categorías empíricas, se trata de una conciencia ausente con la que hay que descartar cualquier relación causal.[54] No obstante, en ocasiones se considera el reverso de lo contingente. La materia es necesidad, la conciencia es libertad: y la vida consciente puede encontrar el remedio de reconciliarlas. No se trata de que la conciencia y la naturaleza primordiales deriven de una fuente común, sino de que la primera sirve de catalizador al despliegue de la segunda, es decir, que el proceso de transformación (que es el mundo empírico de la *prakṛti*) es motivado por una sustancia (el *puruṣa*) que no se altera en el curso de la reacción. Vācaspati Miśra trata de aclarar el misterio recurriendo a la metáfora del espejo *(pratibimba)*, una de las metáforas favoritas de Nāgārjuna y, en general, de todo el *mahāyāna*. La conciencia se refleja en el intelecto sin verse afectada por ello. Dicho reflejo hace posible lo que llamamos experiencia consciente, pero ello no implica modificación alguna por parte del *puruṣa*. Y se ilustra mediante la reflexión de la luna en el agua: la imagen reflejada puede deformarse por el movimiento del agua, sin que por ello el planeta experimente cambio alguno. La metáfora será matizada más tarde por Vijñānabikṣu, que establece una

54. Siendo una presencia pasiva, sólo puede definirse por lo que no es. Lo que queda cuando extraemos todo el contenido del mundo empírico no es la nada, sino el *puruṣa*, ausencia radical de contenido.

doble reflexión: la conciencia del *puruṣa* se refleja en el intelecto, y ese reflejo regresa a su vez al *puruṣa*. Sea como fuere, lo decisivo aquí es que el intelecto, puro *sattva,* se considera un sucedáneo del *puruṣa,* es decir, una sustancia que, por tener propiedades parecidas a otra, puede remplazarla, sin que ello permita obviar la jerarquía que el sistema establece entre ellas.

No se plantean problemas ontológicos, las dos realidades últimas, el *puruṣa* y la *prakṛti,* existen en sí mismas y su relación no puede modificarse. Lo que sí admite cambio es la imagen distorsionada que el ser consciente tiene de ellas. Una vez discernida *(viveka),* la experiencia consciente quedará libre de las frustraciones que asedian su experiencia en el mundo. Pero tanto la atadura como la liberación, como se ha dicho, pertenecen a la *buddhi,* primer principio del mundo empírico o manifiesto. El *puruṣa,* como señala Īśvarakṛṣṇa,[55] no está atado ni liberado y no puede ser sujeto de transmigración, sólo las elaboraciones de la *prakṛti* pueden hacerlo.

A esclarecer las relaciones entre la conciencia y la materia originales acuden otras alegorías. Vācaspati Miśra afirma que el *puruṣa* es el testigo *(sākṣin),* espectador o sujeto de la percepción *(drāṣṭṛ),* inmutable *(akartṛbhāva),* neutral e imparcial *(mādhyasthya),* y sujeto de la emancipación final *(kaivalya).*[56] El mundo natural exhibe sus manifestaciones y creaciones ante el espíritu, que es testigo y sujeto de percepción de las mismas, sin que él mismo las produzca por ser esencialmente inactivo.[57]

55. *SK* 6.
56. *TK* 130.
57. *TK* 132.

Las relaciones entre el *puruṣa* y la *prakṛti* (el mundo como acto de amor, unión de un principio femenino y otro masculino), su imbricación o reciprocidad, se explican mediante la alegoría del cojo y el ciego, cuya asociación produce lo creado.[58] El cojo no puede moverse, pero puede ver el camino, el ciego puede andar, pero no puede avanzar sin la guía del cojo. El cojo se sube a hombros del ciego y ambos recorren el camino. El cojo es el *puruṣa*, el ciego la *prakṛti*. De esa asociación procede la creación (el mundo manifiesto) y sin ella no habría de qué liberarse.[59] Dicha reciprocidad crea la impresión al espíritu de que él mismo se encuentra compuesto de los tres *guṇa* y deshacer ese malentendido es lo que conducirá a su «liberación».[60] Parece haber aquí una dependencia mutua, pero el *sāṃkhya* insistirá en mantener inmaculado al *puruṣa*, y describirá esa dependencia como ilusoria.

Otra alegoría para justificar que el *puruṣa* no se vea afectado por la materia es considerar que su contacto con ella no es directo, es decir, no se produce a través de los sentidos, sino que se realiza a través de las imágenes creadas en la mente mediante la percepción. Se trata de un contacto de imágenes, fundamentalmente sáttvicas. Ese conocimiento no altera la esencia del espíritu. Y se recurre a la metáfora del cristal de cuarzo, que ejemplifica la transparencia esencial del *puruṣa*. Cuando el cuarzo se coloca frente a una rosa, adquiere el color rojo sin que en realidad cambie su naturaleza o se vea afectado por la

58. *SK* 20, *TK* 136.
59. *TK* 140.
60. *TK* 136.

rojez. Dicha proximidad del *puruṣa* con la *prakṛti* hace posible la transferencia unidireccional de los procesos mentales de la materia hacia el *puruṣa*, creando la ilusión de que es la materia la que experimenta la conciencia, cuando en realidad lo hace el *puruṣa*. Sucede algo parecido a cuando sufrimos una herida en la pierna y la sentimos desde el cerebro, pero no en el cerebro. La materia es esencialmente inconsciente, pero mediante ese proceso de transferencia tiene la impresión de ser ella la que experimenta, cuando en realidad esa experiencia se encuentra fuera de ella. Ésta es la justificación del peculiar dualismo del *sāṃkhya*, el espíritu está siempre presente en las experiencias conscientes, pero su presencia es la de un testigo inmutable que no interviene y en el que no ocurre ningún tipo de transformación, de ahí que se defina como conciencia inmutable y sin contenido.

Esa proximidad de la mente con el *puruṣa*, que no implica ningún contacto, hace posible una coexistencia o conjunción, una afinidad o adecuación, que Vācaspati Miśra denomina *saṃyoga*. Esa afinidad es eterna, carece de comienzo *(anādi)*. Permite a la mente iluminarse con la luz del *puruṣa* (creando la impresión de tener luminosidad propia) y, en la otra dirección, permite al *puruṣa presenciar* los procesos mentales. La naturaleza es así el objeto visible de una conciencia pasiva que la «activa» con su mera presencia. El intelecto *(buddhi)* se concibe entonces como la capacidad de dotarse de una conciencia ajena, por así decirlo, no innata, sino adquirida.

Nos encontramos aquí ante un doble equívoco *(aviveka)* que va de lo empírico a lo metafísico y de lo metafísico a lo empírico. En el primer caso, el mundo en transformación y la experiencia que tenemos de él, siendo completamente reales, se hallan distorsionados por la ilusión de que la conciencia del *puruṣa* se encuentra atrapada en el proceso estrictamente causal de los *guṇa*. En el segundo, ese mismo mundo empírico en transformación produce la ilusión de estar dotado de conciencia, mostrando una falsa autosuficiencia y estrechez, creando la impresión de no necesitar nada de fuera de sí. La postura *sāṃkhya* se establece en la negación de ambas posibilidades. La primera por contradecir la existencia de un espíritu inmutable y eterno (herencia del pensamiento védico), la segunda por impedir la posibilidad de la liberación (herencia de la tradición del yoga).

Conciencia y materia

Trataremos ahora de aclarar en lo posible la enigmática relación entre *puruṣa* y *prakṛti*. Ya hemos visto que el *sāṃkhya* es una filosofía dominada por la idea de jerarquía. Su orden permite la pluralidad metafísica, sin perder de vista la noción de unidad. En su cosmogonía aparece un tipo de «existencia» que se encuentra más allá de lo estrictamente material (el mundo de la *prakṛti*) y que al mismo tiempo desempeña un papel decisivo como principio fundacional o *motivo* de lo manifiesto, la razón de ser de lo fenoménico. Curiosamente, el principio se denomina *puruṣa*, que literalmente significa «persona». Los ecos del mito védico del hombre primordial cuya inmolación da lugar al mundo y del *ātman* de las *upaniṣad* son aquí evidentes. Y, sin embargo, se presiente la influencia del budismo primitivo y su negación del *ātman (anātmyavāda)*. No faltan testimonios de encuentros y debates entre *sāṃkhyas* y budistas. El *sāṃkhya* oscila así entre un materialismo radical (de tipo *cārvāka*) y un idealismo sustentado en una conciencia pura e inmutable que no sólo es testigo del mundo de los fenómenos y de los seres, sin verse afectada por sus derivas y transformaciones, sino que además es el principio que desencadena su manifestación a partir de un estado latente de equilibrio.

Ésta es la peculiaridad del dualismo *sāṃkhya*, tan alejado de lo que la filosofía moderna ha entendido por dualismo que es dudoso que merezca dicha etiqueta. Lo que comúnmente llamamos espiritual, en el *sāṃkhya* es material, lo privado cósmico, el pensamiento extensión. En cierto sentido, la propuesta misma de un proceso tripartito que subyace en las transformaciones y evoluciones del mundo puede verse como una crítica del dualismo, ya se trate del *ātmananātman* de las *upaniṣad* y el budismo temprano, o del *jīva-ajīva* de los jainas, o del debate postrero entre realistas del *nyāya* e idealistas del *mahāyāna*.

El *puruṣa* no es un principio inteligible, ya que como se ha dicho lo inteligible es resultado de una naturaleza primordial inconsciente. El espíritu tiene un carácter peculiar, no es inteligente, pero hace posible la inteligencia; no es observador, pero hace posible la observación. Él es el agente que piensa y siente, él es la voluntad de todo lo que quiere, la fuente de todas las funciones de la mente, el verdadero sujeto que se encuentra más allá del sentido del yo. Ese espíritu carece de los atributos *(guṇa)* de la naturaleza primordial. Si estuviera dotado de ellos, la liberación no sería posible y si la liberación no fuera posible, la filosofía carecería de propósito. El espíritu puede caer en el error de creer que las transformaciones que llevan a cabo los atributos le pertenecen; y, así, experimentar la ilusión del placer o del dolor, de la dicha o la desdicha, pero precisamente la experiencia (gúnica) de la liberación consiste en deshacer ese malentendido.

El comentario de Vācaspati Miśra a la estrofa decimoséptima de la *Sāṃkhyakārikā* es ilustrativo del tipo de argumentos empleados por el *sāṃkhya* para justificar la existencia de una conciencia sin atributos, inmutable y eterna, que participa como testigo de las transformaciones del mundo y, al mismo tiempo, ejerce de sujeto que experimenta dichas transformaciones, aunque el sujeto empírico tenga la sensación de ser él el que las vive.[61]

La estrofa dice así: «Dado que todas las cosas compuestas "son para otro", debe existir un reverso que atestigüe y experimente las transformaciones de todo aquello compuesto por tres atributos *(guṇa)*, y cuya inclinación sea la liberación *(kaivalya)*».[62]

61. *TK* 120-125.
62. Saṃghāta parārthatvat triguṇādi-viparyayāt adhiṣṭānāt | puruṣaḥ asti bhoktṛ-bhāvāt kaivalya-artham pravṛtteḥ ca || *SK* 17. El diccionario Pujol (p. 271) nos permite aclarar el término *kaivalya*: «Aislamiento (del espíritu en su propia esencia pura más allá de las ligaduras de la energía y la materia), liberación (según el *sāṃkhya*, la liberación del *puruṣa* consiste en el conocimiento discriminativo por parte de la *buddhi* de la diferencia entre el espíritu o *puruṣa* y la naturaleza primordial o *prakṛti*, y es, por tanto, el estado de soledad o asilamiento del *puruṣa*; la liberación tiene lugar cuando la evolución de la *prakṛti* ha logrado el objetivo del espíritu, que es la experiencia de la manifestación de la *prakṛti* y el conocimiento discriminativo de los veinticinco principios *(tattva);* en dicho momento, la materia deja de actuar y se reabsorbe en sí misma y la relación entre ambos deja de ser operativa; las predisposiciones de la *buddhi* y de las acciones producidas por éstas pierden su eficacia causal y se detiene, para aquel *puruṣa* individual, el ciclo de las trasmigraciones; el cuerpo dura hasta que se agotan los frutos de las acciones realizadas

Decir que todos los procesos de la mente son derivaciones de la naturaleza primordial supone adherirse a un materialismo radical, al modo en que algunos neurocientíficos modernos explican los procesos conscientes como eventos estrictamente materiales que ocurren dentro del cerebro. Para el *sāṃkhya*, las experiencias intelectuales, personales y mentales *(buddhi, ahaṃkāra, manas),* los sentimientos, ya sean de frustración o satisfacción y, en general, todo aquello que hoy consideraríamos estrictamente privado son simplemente reflejos sutiles de la distribución cósmica de los *guṇa* en cada uno de los diferentes seres. Éstos se encuentran inmersos en la ilusión de que todas sus experiencias les pertenecen, les son *propias*, y la filosofía *sāṃkhya* se propone como remedio para deshacer ese entuerto.

El *puruṣa* se define como aquello que trasciende el dominio de la actividad trigúnica, es el reverso mismo de esta actividad. Y, paradójicamente, el *motivo* que, a nivel cósmico, ha desencadenado su agitación transformadora. Y decimos paradójicamente porque el *puruṣa* se considera inmutable (es lo inmóvil que hace posible lo móvil, lo permanente que hace posible el cambio) y carece de intenciones. Ésta es quizá la hipótesis más formidable de esta filosofía. ¿Cómo aquello que carece de intenciones pudo verse enredado en los laberintos de la materia y buscar, desde ellos, su postrera liberación? ¿En qué condiciones se efectúa dicho enredo si el *puruṣa* carece de contenido y no se ve afectado por ninguna de dichas transformaciones? O,

antes del momento de la liberación, que es cuando tiene lugar la separación del cuerpo y el *pradhāna* deja de actuar, y el *puruṣa* se libera definitivamente de los tres tipos de sufrimiento».

en términos cosmogónicos, ¿cómo lo Potencial *(avyakta),* el perfecto equilibrio de los *guṇa,* se tornó manifiesto (desequilibrado) al principio de cada ciclo cósmico?

Frente a la indiferencia de esta conciencia inmutable y sin contenido (mera luz blanca donde no son posibles los distingos), incapaz de actividad y propósito, encontramos la facultad humana (y de otros seres) de apercibir o advertir la existencia propia o la de los demás, denominada *cittavṛtti* y también *antahkaranavṛtti:* «la actividad de reconocer al otro» (incluido ese otro que es el yo cuando se contempla a sí mismo). Esta facultad sí se encuentra dotada de intenciones, enredada como está en las redes desequilibradas del deseo. La primera es cósmica y plural (después veremos cómo); la segunda, privada y condicionada, pero capaz de reflejar la conciencia sin contenido del *puruṣa*, cuya presencia pasiva y testimonial es su reverso.

La transformación dinámica del universo natural se produce gracias a la presencia catalítica del *puruṣa,* que propicia y favorece el desarrollo del proceso, pero sin verse afectado por él, como testigo impasible que se recrea contemplando el juego de la atadura y la liberación. El término *catálisis* resulta especialmente apropiado para describir la situación del *puruṣa* en todo este proceso, pues el *puruṣa* es el que motiva el mundo en transformación, sin que por ello se altere lo más mínimo en el curso de la *reacción* trigúnica. Del mismo modo que se emprenden acciones para satisfacer deseos, así la *prakṛti* actúa para la emancipación del *puruṣa*,[63] siendo el fin de la acción

63. *SK* 58.

el cumplimiento del deseo. Como una bailarina que, habiendo danzado ante su público, se retira del escenario una vez cumplidos los deseos de los espectadores.[64] Ésa es la generosidad de la naturaleza que, sin beneficio para sí misma, produce la diversidad del mundo para la liberación del espíritu.[65] «Nada más modesto que la naturaleza: cuando se apercibe de que está siendo observada por el espíritu, se retira pudorosamente»,[66] como la mujer discreta sorprendida por un extraño. Las objeciones no se hacen esperar:

> Si el *puruṣa* carece de atributos y modificaciones, si carece de condicionamientos, ¿cómo es posible su emancipación? Toda emancipación es un despojarse de una atadura, y esa atadura no es otra que un residuo kármico imbuido de predisposiciones y conflictos, y ello no sería posible en un *puruṣa* incondicionado. Además, dado que el *puruṣa* carece de actividad, no sería posible su transmigración. Por tanto, carece de sentido justificar el mundo natural como el propósito del *puruṣa*.[67]

Se responde que el espíritu no se encuentra realmente atado y que tampoco puede ser objeto de emancipación o migración. Sólo la naturaleza puede ser sujeto de ligadura, liberación o migración.[68] Y se recurre al ejemplo de los soldados que ganan la batalla y cuya victoria se atribuye al rey. Del mismo modo, la

64. *SK* 59.
65. *SK* 60.
66. *SK* 61.
67. *TK* 261.
68. *SK* 62.

experiencia de la liberación, aunque realmente pertenece a la naturaleza, se atribuye al espíritu.[69] La naturaleza se ata a sí misma mediante siete inclinaciones o predisposiciones.[70] Pero hay una octava, que es el conocimiento capaz de discernir el *puruṣa* de la *prakṛti*, la inclinación al conocimiento *(jñāna)*, cuya consecuencia es la liberación final *(apavarga)*. Pero en dicha liberación, realizada en beneficio del espíritu, es la naturaleza la que se libera a sí misma y por ella misma mediante dicho discernimiento.[71]

La siguiente estrofa establece un nuevo paralelismo con el budismo. Mediante el uso reiterado de estas verdades en la práctica mental y su ejercicio constante y riguroso, se obtiene la capacidad de distinguir el espíritu de la materia.[72] Hay aquí un fogonazo de optimismo y se afirma que, aunque la inercia de la ignorancia es poderosa, y tan vieja como el mundo, es posible apartarla mediante el conocimiento cabal. «Pues la inclinación hacia la verdad es propia de la *buddhi*, como también afirman los budistas: ninguna contradicción puede alejar del conocimiento perfecto de los objetos, pues tal es la *inclinación*

69. *TK* 262.
70. Las inclinaciones de la *buddhi*, anteriormente mencionadas (*SK* 42-45): *1*. La inclinación hacia el mérito *(dharma)*, cuya consecuencia es el renacimiento en niveles superiores de conciencia. *2*. La inclinación al desapego *(vairāgya)*, cuyo efecto es la fusión con la naturaleza primordial *(prakṛtilaya)*. *3*. La voluntad de poder *(aiśvarya)*, que incrementa el control sobre las energías vitales *(avighāta)*. *4*. La inclinación al mal *(adharma)*, cuya consecuencia es renacer en niveles inferiores de conciencia. *5*. La inclinación a la ignorancia *(ajñāna)*, que refuerza las ataduras de la existencia *(bandha)*. *6*. La tendencia a aferrarse a las cosas *(avairāgya)*, cuyo resultado es la permanencia en *saṁsāra*. *7*. La inclinación a la impotencia *(anaiśvarya)*, cuya consecuencia es la pérdida de control sobre la vida *(vighāta)*.
71. *SK* 63.
72. *TK* 264.

de la *buddhi*».[73] Se establece así una forma de conocimiento: «Yo no soy, nada me pertenece y no existo». «Yo no soy» excluye la posibilidad de actividad del espíritu. Por tanto, todas las acciones, ya sean internas o externas: la determinación, el sentido de la identidad, la reflexión, la percepción, etc., quedan excluidas del espíritu. Así surge la idea de «Yo no soy». «Yo» implica aquí empeño o diligencia, como en «yo como» o «yo doy», y ningún empeño puede pertenecer al espíritu, que es inactivo. De ahí se sigue la idea de que «nada me pertenece», pues sólo el que lleva a cabo la acción puede poseer algo.[74]

Vyāsa, en su célebre comentario a los *Yogasūtra* de Patañjali, afirma, en un tono muy budista, que es la ignorancia la que causa la existencia y que nadie nace sin ella.[75] Dicha ignorancia es consecuencia del sentido del yo *(asmitā)* que asocia la percepción al sujeto de la percepción, cuando en realidad el sujeto de la experiencia es el *puruṣa*, que se sirve de la mente (exclusivamente material) para recrearse en la contemplación de lo material. La mente es mera intermediaria en este proceso, pues tiene la facultad de participar simultáneamente del objeto percibido *(prakṛti)* y del sujeto perceptor *(puruṣa)*. La mente participa de los dos mundos, ella es la única capaz de sintetizar la dualidad fundamental del cosmos.[76]

Vācaspati Miśra cierra su tratado con una exaltación de la filosofía: «En posesión de este saber, el espíritu, espectador puro, desocupado y serenísimo, contempla la naturaleza,

73. *TK* 266.
74. *TK* 267.
75. *Vyāsabhāṣya* 4. 30.
76. Pujol (2009, 93).

que, bajo la fuerza del verdadero conocimiento, ha vuelto a su estado original, después de un periodo de prolífica actividad (impulsada por las siete inclinaciones)».[77] «Ella ha sido vista por mí», dice el uno y se retira. «He sido contemplada», dice la otra y cesa de actuar. No habiendo ya motivo para nuevas creaciones.[78] Y el comentarista hace una última puntualización: el conocimiento que discierne espíritu de materia es, como se dijo, una modificación de la materia misma, es decir, del mundo natural, y como tal es tomado por el espíritu como si le perteneciera a él. Sin embargo, cuando se ha producido semejante conocimiento, la conexión entre espíritu y materia cesa y, por tanto, el espíritu deja de sentir o percibir. El espíritu no es capaz por sí mismo de producir este discernimiento, que es una propiedad de la materia, una emanación de la *buddhi*. Y el espíritu que lo ha obtenido carece de propósitos propios. La experiencia de la existencia y la emancipación de ella, el drama del mundo, siendo el propósito del espíritu, suministra el *motivo* de las operaciones de la naturaleza; pero cuando estos dos han dejado de ser propósito, dejan también de ser *motivos* de la actividad natural.[79]

Finalmente, se recurre a las visiones clásicas del karma para explicar qué ocurre cuando se ha producido el discernimiento liberador. El espíritu continúa *investido* en el cuerpo como la rueda del alfarero continúa girando por la fuerza de un impulso previo.[80] La naturaleza ya ha cumplido su objetivo con rela-

77. *SK* 65.
78. *SK* 66.
79. *TK* 271.
80. *SK* 67.

ción al espíritu y deja de actuar, quedando éste liberado de los sufrimientos de la actividad trigúnica.[81] Ésta es la enseñanza del linaje *sāṃkhya*, iniciado por Kapila y su discípulo Āsuri, y preservado por Pañcaśikṣa e Īśvarakṛṣṇa.

Pluralidad de conciencias

El *sāṃkhya* reconoce una multiplicidad de *puruṣas*, lo que contrasta con la tendencia monista en las corrientes dominantes de la filosofía brahmánica. Mientras que para el *vedānta* la materia es diversa y el espíritu que la anima único, para el *sāṃkhya* los espíritus son muchos y la materia una. En consonancia con la tradición de las *upaniṣad*, la filosofía *sāṃkhya* postuló una unidad superior que trascendiera la contingencia de los fenómenos y sus transformaciones y, al mismo tiempo, sirviera de justificación al cambio. Pero dicha unidad, en este sistema, y a diferencia de la postulada en las *upaniṣad*, es plural. La tradición *saṃkhya* se vio abocada al pluralismo metafísico para respetar el legado de los sabios de la Antigüedad, entre los que se contaban numerosos liberados. Si el *puruṣa* no fuera plural, la liberación de uno de ellos supondría el acabamiento del mundo, era necesaria entonces la existencia de innumerables *puruṣas*.

La *Sāṃkhyakārikā* plantea la cuestión en la estrofa veintiocho. Se pregunta si el espíritu es uno, manifestándose a sí mismo en todos los cuerpos, o muchos, siendo diferente en

81. *SK* 68.

cada uno de ellos.[82] Si se trata de un único testigo o si se encuentra de alguna manera diversificado en los innumerables seres. La cuestión es difícil de dilucidar si tenemos en cuenta que el *puruṣa* se ha definido como una conciencia sin atributos, carente de contenido, mera luminosidad. Donde no hay contenido difícilmente se pueden establecer diferencias o distingos.

Las respuestas dadas por la propia tradición indican que tras el pluralismo monádico del *sāṃkhya* podría haber también influencias budistas. Vācaspati Miśra afirma que el «nacimiento» del espíritu se produce en la confluencia del cuerpo, con los órganos de los sentidos, el sentido del yo, la intelección y la sensación, formando todos ellos un compuesto de un carácter particular.[83] Pero dicho «nacimiento» no implica modificación alguna del espíritu (por definición inmutable), como tampoco la muerte del cuerpo físico supone alteración alguna, sino simplemente un deambular en la confusión (identificación con el yo, indistinguibilidad de *prakṛti* y *puruṣa*) por los diferentes organismos derivados de la naturaleza primordial.

Se concluye que el espíritu es diferente en los diferentes cuerpos (no en sí mismo, que es inmutable). Si el espíritu fuera el mismo en todos los seres, su actividad y esfuerzos serían equivalentes en todos ellos.[84] En defensa de la pluralidad, se encuentra también la diversidad de los seres. En algunos predomina la contemplación, en otros la actividad, en otros la confusión. La distribución de estas tres sustancias en cada uno

82. *SK* 28.
83. *TK* 127.
84. *TK* 128.

de ellos da cuenta de la diversidad infinita de los seres (del santo al enajenado, del gran Brahmā hasta la más insignificante brizna de hierba). El modo en el que el espíritu «se encuentra» en ellos, como testigo y aliento, como sujeto de la experiencia, será diverso.[85] Por todo ello, resulta razonable hablar de una pluralidad de *espíritus* cuando hablamos del mundo natural, aunque en la conciencia sin contenido no sean posibles dichas distinciones.

Cosmogonía

Finalmente, llegamos a uno de los puntos más controvertidos de esta filosofía: el motivo del cosmos. ¿Qué mueve las transformaciones que observamos en el mundo natural? ¿Cuál es su causa o razón? ¿Cuál es el motivo característico que se repite en cada ciclo cósmico? La estrofa treinta y una de la *Sāṃkhyakārikā* afirma que los órganos de la percepción hacen sus respectivas funciones debido a un impulso común. Dicho objetivo lo transmite el espíritu *(puruṣa)*, que es el que lleva a los órganos a actuar. Los órganos de los sentidos hacen cada uno la guerra por su cuenta, son como soldados con diferentes armas (el oído oye, aunque no ve, etc.), pero tienen un mismo objetivo, suministrado por el *puruṣa (puruṣārtha)*, que no es otro que la liberación del espíritu.[86] El espíritu insta a la percepción a trabajar en esa dirección. De ahí que se diga que

85. *TK* 129.
86. *TK* 166.

el propósito de la sensibilidad y de las facultades cognitivas internas *(buddhi*, *ahaṃkāra* y *manas)* sea un propósito ajeno, que pertenece a otro. La evolución del universo material se encuentra orientada hacia la liberación del espíritu *(kaivalya)*. Pero, para que ello sea posible, el espíritu ha de conocer antes el mundo. De modo que nos encontramos ante la paradójica situación de un espíritu sin atributos, que se define como inmutable y eterno, cuya finalidad es, por un lado, experimentar *(bhoga)* la materia, y, por el otro, liberarse de ella *(apavarga*, *kaivalya)*. Este doble propósito no alcanza únicamente al ámbito de la vida consciente, sino también al de la materia inconsciente. Este doble propósito atañe tanto a los órganos internos como a los externos, tanto al universo como un todo como al organismo psicofísico que lo reproduce.[87]

Todas las transformaciones del mundo natural tienen así una justificación teleológica: la liberación del espíritu. Pero la diversidad fenoménica es resultado de transformaciones espontáneas e inherentes a la materia y no de la actividad de un ser trascendente. Y se insiste en que es la materia la que produce las transformaciones del mundo, no un dios o un principio original *(brahman)* como sostiene el *vedānta*, ni tampoco que carezcan de causa, como sostienen los escépticos. Pues la materia no podría modificarse debido a una pura inteligencia.[88] Así como el alimento se transforma en comida con el propósito de ingerirse, y una vez cocinado se aparta del fuego, del mismo

87. Aunque, desde la perspectiva del *sāṃkhya*, ni siquiera lo que llamamos vida consciente es, en sentido estricto, consciente. La conciencia pertenece al *puruṣa*, que se encuentra fuera del universo físico.
88. *TK* 252.

modo la naturaleza se transforma con el propósito de liberar al espíritu y, una vez liberado, cesan las transformaciones.[89] «El *puruṣa* precisa de la materialidad para ser capaz de observar toda la diversidad de la creación, y a su vez la materia precisa de la mirada del espíritu para ponerse en marcha. Sin él, la materialidad primordial no encontraría su sentido, que es justo el de desplegarse y replegarse ante el espíritu».[90]

Hay que repetirlo de nuevo, la naturaleza es ciega, carece de objetivos, ni siente ni padece, y toda su evolución es consecuencia de asumir un propósito ajeno: la liberación del espíritu. El espíritu no reside en la materia, aunque da sentido a sus transformaciones. Como la leche, que mana de la ubre de la vaca para hacer crecer al ternero, y una vez crecido, desaparece. Así se manifiesta la naturaleza para la emancipación del espíritu.[91]

Y en este punto se inicia una breve teodicea, seguramente de raigambre budista,[92] en la que se intenta demostrar que la naturaleza primordial funciona según sus propias leyes internas, sin la asistencia de un creador *(īśvara)* del mundo. Los motivos de dicho hipotético creador pueden deberse o bien al egoísmo o bien a la benevolencia. En ninguno de los dos casos sería esto posible. Lo primero porque un Ser supremo o absolutamente necesario no podría ser movido por deseo de ningún tipo. Lo segundo porque, antes de su creación, no dispo-

89. *TK* 253.
90. Pujol (2009, 68).
91. *TK* 255.
92. Los argumentos ofrecidos son muy similares a los que encontramos en diversas tradiciones budistas.

ne de criaturas de las que compadecerse, no habiendo «otros» sobre los que ejercer la bondad. Si no fuera así, llegaríamos a un razonamiento circular, una creación debida a la compasión y una compasión debida a la creación. En ese caso o bien el creador del mundo sería cruel (el sufrimiento es evidente) o bien un incompetente. Finalmente, tampoco es posible atribuir la creación a un agente ciego (no inteligente) como el karma.[93] Los actos ciegos de la *prakṛti* no se deben ni al egoísmo ni a la benevolencia. El motivo único de la naturaleza es el propósito del espíritu.[94]

Dualismos

La filosofía *sāṃkhya* es antigua y, según dicen todos los manuales, dualista. Pero la palabra *dualismo* es reciente. Ni siquiera los maniqueos la utilizaban. El término apareció en Europa a caballo entre los siglos XVII y XVIII, de la mano de Hyde, Leibniz y Bayle. Posteriormente, Christian Wolff le daría un significado filosófico. Para Wolff, dualistas eran aquellos que admitían la existencia de sustancias materiales e inmateriales, concediendo a los cuerpos existencia real fuera de las almas y considerando a las propias almas inmateriales. Cosmológicamente, esto significaba admitir dos principios: lo espiritual y lo material, figuradamente, la luz y la oscuridad, y moralmente, el bien y el mal.

Si rastreamos los diversos dualismos a lo largo de la histo-

93. *TK* 255a.
94. *TK* 256.

ria, encontramos que la mayoría de ellos afirman la existencia de dos sustancias o ámbitos esencialmente diferentes. El más célebre es quizá el de Platón: mundo sensible y mundo inteligible, que ejercerá una marcada influencia en los dualismos gnósticos y maniqueos. La pregunta se repetirá a lo largo de la historia del pensamiento. Se trata de averiguar si el universo se encuentra regido por un único principio o es el espacio de confrontación (o convivencia) de dos principios irreductibles. A esta cuestión se añadirá otra: en el caso de haber un único principio, ¿es posible que se transforme hasta tal punto que acabe por convertirse en su opuesto? O, para decirlo con otras palabras, ¿hay siempre un camino de regreso al origen?

Tras el Renacimiento, de tendencia monista, el dualismo revive en la Edad Moderna con Descartes y su concepción de las relaciones mente/cuerpo: *res cogitans* y *res extensa,* de amplia resonancia en el pensamiento contemporáneo. No obstante, el trato entre los dos principios puede ser muy variado. De manera general, el catálogo de relaciones puede organizarse en tres categorías: hostilidad, colaboración y complementariedad. Obsérvese la ausencia de la idea de jerarquía, que podría transformar el dualismo en monismo, como sostendrían algunos neoplatónicos. El dualismo requiere que las sustancias o principios sean insubordinables.

Más preocupada por cuestiones epistemológicas, la edad moderna ha convertido la vieja querella entre realistas e idealistas en una oposición entre dualistas e idealistas. Para Kant, cuando alguien empieza a dudar de la realidad de los objetos externos a la mente, se está convirtiendo, lo quiera o no, en idealista. Mientras que aquel que no duda se convierte inmediatamente en dualista, separando los objetos del sujeto pensante y concibiéndolos al margen de su propia experiencia. Según esta postura, la materia ya no es un fenómeno de la conciencia, es decir, una mera representación del espíritu a la cual le corresponde un objeto desconocido, sino que se postula una *cosa en sí* al margen de toda sensibilidad.

Para el *sāṃkhya*, a diferencia de las concepciones de la ciencia moderna, la inteligencia madruga en el universo. No es el resultado final de una larga evolución de lo simple (el átomo de hidrógeno) a lo complejo (la materia orgánica), sino el fundamento mismo de dicha transformación. La inteligencia primordial *(buddhi)* es anterior a la capacidad de los entes de asumir o «hacer suyo» su discurrir evolutivo. Hay un principio inteligente previo a la constitución de las diversas identidades *(ahaṃkāra)* que, posteriormente, participarán del mismo como se participa del carácter y afinidades de un linaje.

Esa inteligencia es, además, extremadamente sutil. En este sentido el *sāṃkhya* se parece a las cosmologías evolutivas modernas. Lo sutil (la radiación) se sitúa en el origen, y su evolución da paso a la materia tosca (los elementos pesados, esenciales para la constitución de la materia orgánica y sintetizados en los hornos estelares). De lo sutil, lo tosco. Es así como se realiza la transición de los *tanmātra* a los *mahābhūta*. Del sonido, el espacio; del tacto, el viento; de la forma, el fuego; del sabor, el agua; del olor, la tierra. Y es la aspereza de estos cinco grandes elementos la que constituye lo que nosotros llamamos realidad física, siendo la empírica o experiencial aquella de la que participan los órganos internos. En este punto, la distancia vuelve a crecer si consideramos que en el *sāṃkhya* los órganos internos incluyen la inteligencia primordial, una inteligencia inmanente que organiza los diferentes niveles del material cósmico.

Las transformaciones del mundo material serían inexplicables si no se desarrollaran ante la presencia de un principio espiritual. Este principio es la integral de incontables espíritus individuales, en sí mismos incapaces de actividad, que contemplan, desde una eternidad sin comienzo, las metamorfosis de la materia. No se trata de que estos espíritus ejerzan una influencia sobre la materia (ello no sería posible), sino de que simplemente, en virtud de su mera presencia, la materia se comporta del modo en el que se comporta: desplegando infinitas capacidades de diversificación. El *puruṣa* es así el punto de vista desde el cual el mundo y sus transformaciones se ofrecen como espectáculo. Pensar esa enigmática relación es el desafío que nos propone esta antigua filosofía.

III. El cosmos budista

Mente y universo

Para el budismo, el universo es indisociable de la vida mental de aquellos que lo habitan. Su distribución en el espacio y su evolución en el tiempo no se articula mediante fuerzas impersonales y concéntricas (como la gravedad), sino en virtud de las excentricidades de la vida consciente. De modo que los destinos individuales de los seres no se encuentran a merced del destino del universo, que prepara las condiciones para su aparición o garantiza su supervivencia, sino que son sus propias acciones, con sus estados mentales asociados, las que trazan el mapa y el calendario cósmicos. El abanico de las experiencias conscientes, de lo tosco a lo sutil, de lo instintivo a lo cultivado, configura tanto el espacio de la cosmografía como el tiempo y la periodicidad de los ciclos de despliegue y repliegue del universo. Algunos investigadores han visto en estas asociaciones entre mente y universo «la contraparte poética, imaginativa y mítica de las descripciones de los estados meditativos *(jhāna)*».[1] En lo que sigue

1. Gethin (1997, 186).

veremos que la propia escolástica no se posiciona claramente sobre si ese paralelismo debe entenderse literal o metafóricamente. La mente es a veces metáfora del cosmos, y el cosmos, metáfora de la mente, pero en ciertas ocasiones se establece entre ambos un paralelismo o complementariedad que parece afirmar la existencia independiente de ambas entidades. Sea como fuere, comparar las descripciones de los estados de la mente con narraciones de naturaleza cosmogónica permitirá comprender con mayor amplitud la idea del cosmos de los antiguos budistas.[2]

Los primeros intentos por establecer una cosmología coherente en el budismo pertenecen a la literatura escolástica *(abhidharma)* de las escuelas *sarvāstivāda* y *theravāda*. Estos primeros esbozos se hallan registrados en el *Abhidharmakośa-bhāṣya* de Vasubandhu, y el *Visuddhimagga* de Buddhagosa.[3] Dado que ningún *sūtra* individual ofrece una descripción cosmológica completa, estas dos obras sistematizan las diversas referencias de la tradición a otros mundos y otras formas de la existencia registradas en las colecciones de diálogos *(nikāya)*.

La cosmografía budista concibe un número incalculable *(sāhasra)* de universos. Todos ellos comparten una estructura similar, denominada en sánscrito *cakravāḍa* (pāli: *cakkavāḷa*). Dicha estructura se organiza verticalmente en tres niveles o ámbitos cósmicos *(dhātu)*, cada uno de los cuales comprende diversos planos de existencia. Vasubandhu y Buddhagosa difieren al cifrar el número (elevadísimo) de universos *(cakravāḍa)*, aunque coinciden en afirmar que todos ellos carecen de límite

2. *Id*.
3. Vallée-Poussin (1988) y Ñānamoli (1999).

espacial y temporal. Los diferentes ámbitos en los que se estratifica cada universo particular corresponden a los distintos estados mentales, que llevan aparejados distintas morfologías y modos de ser. Estos «planos» no se entienden como localizaciones en sentido estricto, sino más bien como temperamentos o estados de ánimo. De modo que cada uno de ellos se crea cuando un ser renace en él y, en general, no se considera su existencia al margen de la percepción de aquellos que los habitan. Aunque los textos mantendrán cierta ambigüedad respecto a este punto, en general puede decirse que el universo budista carece de mundos deshabitados, es decir, lugares donde no se da ningún tipo de percepción. Esto tiene como consecuencia que la separación física de los seres se encuentre subordinada a diferencias entre sus estados mentales: los animales y los humanos comparten un mismo mundo físico, aunque sus esfuerzos, intenciones y voluntades pertenecen a «planos» diferentes.

En esta jerarquía de sensibilidades hay, en sentido ascendente, un ámbito del deseo *(kāmadhātu)*, un ámbito de materia sutil *(rūpadhātu)* y un ámbito inmaterial *(ārūpyadhātu)*. Cada uno de ellos se subdivide en diversos planos, hasta completar treinta y uno.[4] El ámbito del deseo incluye seis clases de dioses. Los seres de *rūpadhātu* se denominan *brahmas*, no son deidades en el sentido clásico, apenas interaccionan o se implican en asuntos humanos, cosa que sí hacen los dioses de *kāmadhātu*. *Ārūpyadhātu*, por ser inmaterial, no ocupa un lugar en el espacio. Los «seres» que lo habitan carecen de forma y localización, pero no son

4. El nirvana sería el treinta y dos, número importante para la tradición budista: treinta y dos son las marcas de un despierto y treinta y dos las partes del cuerpo…

eternos, comparten la impermanencia de todo lo existente. Los *bodhisattvas* evitan renacer en *ārūpyadhātu* y prefieren regresar al calor de lo sensible para llevar a cabo su labor de rescate.

Cuadro III.1. *La cosmología budista*

Ámbitos cósmicos *(dhātu)*	Niveles de existencia *(bhūmi)*	Estados mentales *(citta)*
Inmaterial *Ārūpyadhātu*	Ni ideación ni no ideación (*Naivasaṃjñānāsaṃjña*), Ámbito de la nada (*Ākiṃcanya*), Ámbito de infinita conciencia (*Vijñāna anantya*), Ámbito del espacio infinito (*Ākāśa anantya*)	Cuarto *dhyāna*
Materia sutil *Rūpadhātu*	Cinco moradas puras (*Suddhāvāsa*): Suprema (*Akaniṣtha*), Clarividente (*Sudarśana*), Apacible (*Sudṛśa*), Serena (*Atapa*), Permanente (*Avṛha*)	
	Seres inconscientes (*Asañña-satta*), Inmenso fruto (*Bṛhatphala*)	
	Ámbito Subha-kiṇha Belleza (*Subha-kiṇha*), Ilimitada belleza (*Appamāṇasubha*), Limitada belleza (*Paritta-subha*)	Tercer *dhyāna*
	Ámbito Ābhāsvara Esplendorosos (*Ābhāsvara*), Esplendor ilimitado (*Apramāṇābha*), Esplendor limitado (*Parīttābha*)	Segundo *dhyāna*
	Ámbito de Brahma El Grande (Mahābrahma), Consejeros (Brahmapurohita) y Séquito (Brahmakāyika)	Primer *dhyāna*
Sensual *Kāmadhātu*	Seis paraísos sensibles (*devas*) Deleitados con la creación ajena (*Paranirmitavaśarvatin*), Deleitados con su propia creación (*Nirmanaratī*), Dichosos (*Tuṣita*), Ámbito de Yāma, Los Treinta y tres (*Trāyastriṃśa*), Los Cuatro Grandes Reyes (*Caturmahārājakāyika*)	Ocho estados dominados por el desapego, la generosidad y la virtud
	Condición humana (*Manusya*)	
	Cuatro condiciones nefastas: Resentida (*Asura*), Insatisfecha (*Preta*), Instintiva (*Tiryagyoni*) y Tormentosa (*Naraka*)	Doce estados dominados por el odio, la confusión y el deseo ciego

Referentes

Peter Masefield, en un artículo que rastrea correspondencias entre la *Bṛhadaranyaka-upaniṣad* y la literatura de los *nikāya* pāli, ha llamado la atención sobre los tres modos de aproximación a la realidad de las cosas registrados en estas obras.[5] Masefield utiliza como ejemplo el caso en el que diversas expresiones se refieren a un único objeto (como en «lucero del alba» y «lucero de la tarde», que designan un mismo planeta: Venus). De un modo parecido, los términos *brahman* y *ātman* se refieren a una misma realidad intangible, que no es ni exclusivamente cósmica ni exclusivamente individual. Ese «algo» (lo real), cuando se contempla desde la perspectiva cósmica *(adhidaivatam)*, se denomina *brahman*, mientras que si se hace desde la conciencia individual *(adhyātman)* se denomina *ātman*. Una vez establecida esta correspondencia, hablar del cosmos supone hablar de lo humano, sin que ello implique necesariamente una visión antropomórfica. Se trata simplemente de dos modos de aproximar una misma realidad. Además, las visiones cósmicas y psicológicas no agotan la diversidad de lo real, a este enfoque dual hay que añadir una tercera perspectiva: *adhibhūtam*, que tiene en cuenta el punto de vista de los propios objetos.

Encontramos así una terna de aproximaciones diferentes (cósmica, humana y entitiva) a una misma realidad. Éste es un buen ejemplo de una característica muy extendida en el pensamiento budista: una actitud reacia a desligar la cosmología

5. Masefield (1983, 69-98).

de las facultades y operaciones de los procesos mentales. Ese mismo enfoque se reproducirá en los *nikāya*, donde hablar del cosmos y hablar de los diferentes estados mentales se considerarán modos igualmente válidos de referirse a una misma realidad. No es una cuestión de priorizar un modelo sobre otro, sino de utilizar el más adecuado a los fines hermenéuticos o doctrinales que hay en juego en cada contexto. No hay tampoco una predominancia de lo metafórico sobre lo literal, o a la inversa. La mente no es una metáfora del cosmos y el cosmos no es una metáfora de la mente. Ambos son igualmente literales y metafóricos. Cuando los *nikāya* relatan que las hijas de Māra intentaron seducir a Siddhārtha bajo el árbol de Gāya, nos encontramos al mismo tiempo en el ámbito del mito y en el ámbito psicológico. Esa noche, los estados asociados a la lascivia (*ratī*), la indolencia (*aratī*) y la sed (*tṛṣṇā*) fueron superados. Conviene subrayar aquí que no estamos, como se suele decir, ante una superación del mito o una evolución de lo mítico a lo racional. La diferencia de niveles, el salto entre lo literal y lo metafórico, pierde aquí la escala de valores que acostumbra tener en las disciplinas científicas modernas.

Así, los *nikāya* se referirán al nirvana tanto como a un lugar del espacio como a un estado de la mente. La cosmografía se encargará de describir los diferentes niveles de realidad. Desde el mundo de los fenómenos, condicionado y vacío, cuya característica más destacada es la impermanencia y la incompletitud, hasta mundos carentes de forma donde ya no es posible hablar de las cualidades de lo orgánico y lo sensible. El primero de ellos se subdivide a su vez en dos ámbitos, el del deseo *(kāmaloka)* y el de la serenidad *(brahmaloka)*. Cada uno de ellos se configura cosmográficamente *(adhidaivatam)* y, en los seres conscientes, mentalmente *(adhyātman)*, estableciendo una correspondencia entre las regiones del espacio y los estados de la mente. En lo referente a la configuración espacial, el ámbito del deseo *(kāmaloka)* consiste en seis «espacios de serenidad», mientras que, referido a la mente *(adyātman)*, se compone de seis estados de la conciencia sensorial. Del mismo modo, el ámbito de serenidad *(brahmaloka)* consiste en una serie de regiones cósmicas desde la perspectiva del espacio *(adhidaivatam)* y una serie de estadios de la meditación *(jhāna)* de «permanencia en sublimes moradas» *(brahmavihāra)*, desde la perspectiva de la mente consciente *(adyātman)*.

Masefield cita el *Dīghanikāya* (II, 156), según el cual el Buda ascendió progresivamente los cuatro *rūpa jhāna*, los cuatro *arūpāyatana* hasta el *nirodha-samāpatti*, para luego descenderlos en orden sucesivo y volver a ascender hasta el cuarto *jhāna*, umbral del nirvana. Esto permite al autor defender la tesis de que el nirvana, además de un estado de la mente, es un lugar del espacio cósmico. Cuando los *nikāyas* hablan de este último, utilizan palabras como isla *(dīpa)*, gruta *(lena)*, albergue *(tānam)*, refugio *(śaraṇa)*, que, según el autor, no tienen por qué tomarse metafóricamente y bien podrían referirse a un lugar del cosmos.

Retomando el ejemplo inicial, *adhidaivatam* y *adhyātman* son simplemente accesos alternativos al mundo sensorial *(kāmaloka)* y al mundo suprasensorial *(brahmaloka)*, y lo mismo podría decirse en el caso del nirvana. Para Masefield, aunque el nirvana a menudo se describe como un estado mental: como la superación de la codicia, el odio y la confusión; esa perspectiva no debería eclipsar el hecho de que también aparece con frecuencia descrito *(adhidaivatam)* como una región visible y audible que trasciende el ámbito fenoménico del devenir.[6] Masefield decanta sus conclusiones: tanto la tradición védica como la tradición de los *nikāya* dieron por sentado que hablar del cosmos y hablar de la condición humana eran simplemente dos alternativas para hablar de una misma realidad. En el contexto budista esa realidad, en su forma sutil o implícita, se caracteriza con el término *lokottara* (supramundana), y en su forma burda o explícita, como *lokiya* (mundana).

> El hecho de que algunos humanos o *deva* puedan ser *lokottara* sugiere que, según la tradición, el plano supramundano interviene (a través de la presencia de estos seres extraordinarios) en el plano mundano *(lokiya)*. Es decir, parece que en el contexto budista la realidad se entendía no tanto en términos de la dicotomía entre, por un lado, sus formas burdas y sutiles, y por otro, sus perspectivas *adhidaivatam* y *adhyātman*, sino que es posible discernir en ambas perspectivas el plano mundano y el supramundano. O, dicho de otra manera, lo trascendente es arrastrado de alguna manera a lo mundano.[7]

6. Masefield (1983, 82-83). Según esta última visión, las reminiscencias de la *Literatura de las correspondencias: BU:* 4. 4. 25 y *KU* 2. 2. 15 con ciertos pasajes de textos budistas en pali como el *Udāna* (9 y 80) son más que evidentes.
7. Masefield (1983, 84).

La cuestión cosmológica

El primer diálogo del *Dīghanikāya* enumera las diversas creencias, falsas y desaconsejables, relacionadas con la predicción de futuro.[8] Presagios y augurios mediante el análisis de los sueños, las líneas de las manos, las roeduras de ratones o diversos tipos de oblaciones en el fuego (arroz, manteca, aceite). También se menciona la ciencia de los hechizos, de las serpientes y los pájaros, el arte de la predicción de la longevidad. Todas estas prácticas se consideran bajas artes, medios de vida equivocados, formas ruines de ganarse el sustento que se sirven del engaño a ingenuos y sentimentales. Se alude también a aquellos que ven signos por doquier: en los rasgos de la cara, en las piedras preciosas o en las vestiduras, en las flechas, en los animales de carga, en los caballos, en el ganado o en las mujeres, y con todos esos signos predicen lo que vendrá y dan forma a sus oráculos. Entre estas *bajas artes* se menciona además a aquellos que predicen eclipses y tempestades, caídas de meteoros y temblores de tierra, incendios cósmicos y desviaciones del curso natural de las estrellas. En general, se critica a aquellos que, debido a su fervor, energía, dedicación y perfecta atención, mediante un proceso de introspección, recuerdan sus existencias anteriores a través de las innumerables eras del mundo, y concluyen que el universo es eterno en el tiempo e infinito en el espacio. Y se aconseja al monje que no se ocupe de estos asuntos, siendo propios de mentes dominadas por el deseo. El Buda es reacio a debatir cuestiones de naturaleza cosmológica,

8. *Brahmajalasutta* (*DN:* 1), Tola y Dragonetti (2010), Walshe (1995).

aunque ello no significa que se adhiera a «los que se escabullen como anguilas», simplemente considera que estas cuestiones son infructuosas y que desviarán la atención de los monjes de lo verdaderamente fundamental. Dichas especulaciones no contribuyen a la erradicación de la ignorancia *(avidyā)* y el deseo ciego *(tṛṣṇā)* —eje en torno al cual debe el monje organizar su vida mental—, más bien la obstaculizan.

Otros diálogos de los *nikāya* y *āgama* confirman esta actitud. La especulación en torno a la naturaleza del cosmos, su origen y evolución, se consideraba perniciosa y desorientadora. La extensión espacial y temporal del universo se plantea también en el *Diálogo breve con Māluṇkya*, donde el eremita Māluṇkya, impaciente por que el Buda le aclare esta y otras cuestiones, va a interrogarlo a los jardines de Anāthapiṇḍika, en los alrededores de Śrāvastī.[9] El Buda elude la cuestión por no ser provechosa al propósito de la enseñanza: la erradicación del sufrimiento, y por no conducir a la serenidad, el desapego y la ecuanimidad. La naturaleza del espacio y del tiempo no son cuestiones prioritarias, y se ilustra mediante la alegoría del hombre que, herido por una flecha envenenada, se resiste a dejarse curar hasta conocer la identidad del arquero. Vano es preguntarse por la finitud o infinitud del universo, por los límites del espacio o del tiempo: dichas especulaciones alejan al monje del verdadero propósito de la doctrina: los estados afectivos de la mente respecto a la experiencia de la vida, tanto propia como ajena.

9. *Cūlamāluṅkya-sutta* (*MN* 63), Ñāṇamoli y Bodhi (1995).

Algunos textos recurren a la alegoría para dar cuenta de aquello que, por su magnitud, queda fuera de toda medida. La imagen sustituye a la cifra. En el curso del viaje por *saṃsāra*, cada uno de los seres ha bebido más leche que el agua contenida en los cuatro océanos.[10] ¿Y cuánto ha durado este universo en el que vagamos de renacer en renacer? Supongamos una montaña gigante de roca sólida. Cada cien años un hombre roza sobre ella, una única vez, un paño de seda de Benarés. Pues bien, esa montaña desaparecerá por la erosión antes de que haya concluido un ciclo cósmico.[11]

Desde esta perspectiva podría hablarse de una actitud anticosmológica en el budismo temprano. Respecto a la génesis del mundo, las tradiciones budistas no desarrollarían una cosmogonía y no encontramos en ellas las profusas descripciones mitológicas de los *purāṇa*: el universo ha existido siempre y siempre existirá. Sin embargo, esta tendencia antigua no se mantendrá en la escolástica posterior y, con el paso del tiempo, se desarrollarán sistemas que expliquen el universo en función de su estructura espacial y temporal.

Siguiendo una inclinación típicamente india: la asimilación frente al rechazo, muchas de las concepciones budistas sobre el universo se encuentran ya en el periodo védico y serán incorporadas y adaptadas posteriormente. En la literatura del *abhidharma sarvāstivāda*, descubrimos ya los primeros intentos de sistematizar estas ideas y de trazar un mapa del tiempo. Su influencia se extenderá desde el norte de India hasta las

10. *SN* 2. 180-181, Bodhi (2002).
11. *SN* 2. 181-182, Bodhi (2002).

tradiciones *mahāyāna* de Tíbet y Asia oriental, mientras que el *abhidharma theravāda* predominará en el sur de India (Sri Lanka) y el sudeste asiático. Aunque existen diferencias menores entre una y otra tradición, las cosmologías de las tradiciones abhidhármicas comparten, de manera general, cinco premisas:

1. El universo ha existido siempre y siempre existirá. Carece de límite temporal, pudiéndose obviar la caracterización de su creador y la elaboración de una cosmogonía.
2. El universo carece de límite espacial.
3. La ley de la causalidad (que no se limita al ámbito material) rige el funcionamiento del mundo. Esa ley se expresa de manera general mediante el díctum: *asmin sati idam bhavati* (dado esto, ocurre aquello) y de manera particular, referida a los seres conscientes, mediante la doctrina del origen condicionado *(pratītyasamutpāda)*.
4. La fuerza gravitante de las acciones de los seres (toda acción lleva asociado un estado mental) configura la estructura del universo, tanto en el espacio como en el tiempo.
5. El universo se estructura en diferentes ámbitos de existencia (según el principio anterior) que constituyen una jerarquía. Dichos ámbitos se encuentran asociados a un modo especial de proceder adquirido por la repetición de actos, tendencias instintivas e inclinaciones del pensamiento. Todos ellos constituyen los estados mentales dominantes (aunque no exclusivos) de cada ámbito.

Espacio, identidad y transformación

En la sucesión en el tiempo y el espacio, en su duración y movimiento, los seres ofrecen diferentes versiones de sí mismos. Y ese estar en el mundo es propio de una acción (karma) que no sólo imita, sino que identifica. En su devenir, los seres se trasmutan y se rehacen, y únicamente lo actuado podrá cambiar el nombre de las cosas, cambiar su identidad. Ése es el drama en el que surge la tradición budista. Un drama en el que el sujeto se define como una particular unidad de actos dentro de un proceso continuo de percepción cognitiva *(vijñāna-saṃtāna)*, que recorre diversas formas de existencia, donde los seres se transforman unos en otros, metamorfoseándose según ganen o pierdan en inteligencia o estupidez. En este drama el universo no se mueve por las fuerzas impersonales y concéntricas de campos gravitatorios, sino por las excentricidades de la acción consciente. La preferencia budista por el mundo de los seres *(sattvaloka)* frente al de su ubicación *(bhājanaloka)* hace que los destinos individuales no se encuentren a merced de la evolución ciega de la materia, sino que son las propias acciones de los seres, su abanico de verbos, las que trazan la singladura de la nave del mundo. El tejido del espacio-tiempo es suplantado por una matriz en cuyo molde los seres nacen de sus propias acciones. La identidad, ese deseo de perfilar, del pintor, del científico, del *bodhisattva*, es acto puro. Y como todo acto lleva un estado mental asociado, el conjunto de los estados mentales que forman el temperamento o personalidad (una vocación en el caso del *bodhisattva*, una inclinación o *carrera* hacia el despertar) se encontrará asociado con los diferentes ámbitos de existencia. Es entonces cuando las historias populares sobre los *deva* que pueblan la literatura de los *nikāya* pueden entenderse en términos de estados mentales. La batalla que libra Siddhārtha contra la muerte (Māra), bajo el árbol del despertar, pasa a ser metáfora de una carrera de obstáculos *(nīvaraṇa)*, de superación de ciertos estados mentales que impiden obtener el primer *jhāna*, más allá del mundo del deseo sensual, que es el ámbito de jurisdicción de Māra.

La variedad y riqueza de la experiencia humana, capaz de experimentar los dolores más abyectos y las afinidades más sublimes, sitúa al hombre en una posición privilegiada en todo este entramado. Dentro de esas capacidades para la acción, la tradición budista establece una jerarquía de los seres en función de su sensibilidad, que sirve de teodolito para clasificar las complejidades de lo vivo. Larvas que sólo gustan, gusanos que únicamente palpan, peces que oyen pero no huelen, espíritus que sólo ven lo invisible, seres capaces de reflexionar el universo... Cuanto mayor es el número de sentidos disponibles, más capaces son los seres de conocer la naturaleza del mundo. Cuando, en el hombre, esta sensibilidad se refina, entonces se hace posible el tránsito a ámbitos más allá de la forma. Paradójicamente, la sublimación de la sensibilidad es el puente para la superación de lo sensible. En este sentido, el mapa del cosmos es, para el budismo, un detallado informe de todas las experiencias posibles (de todos los estados mentales) por las que habrán de pasar los seres en su deambular (errático o intencional) por la existencia *(saṃsāra)*. El espacio y sus ámbitos de vida son una creación del temperamento de los seres que los habitan. Hay aquí un cambio radical de perspectiva: el ser no habita en el espacio, sino que es el espacio el que habita en el ser. El espacio ya no es una categoría preconceptual que sirve de escenario para el drama de la vida humana, sino que es resultado de una creación mental, de un temperamento que se crea un hueco donde habitar.

La razón de la diversidad

Una onda de gravedad mantiene el pulso del mundo. La diversidad del universo material y espiritual tiene en efecto una causa, en modo alguno es resultado del azar. Al inicio de cada ciclo el universo se recrea, y el sujeto de ese «se» impersonal, lo que pone en marcha de nuevo el mundo, es la fuerza del karma, la integral de todas las acciones de los seres conscientes. La célebre fórmula: «la diversidad del mundo procede de la acción» *(karmajaṃ lokavaichitryam)*, citada por Vasubandhu en el *Abhidharmakośa*, sirve de justificación al sentido y configuración del cosmos.[12] Dicha fórmula contiene, como afirma Louis de la Vallée-Poussin, el alfa y el omega de lo que el monje debe saber acerca del mundo.[13] Se trata de uno de los pilares en los que se apoya la tradición budista y cuya dimensión no es exclusivamente moral, sino también cosmológica: el mundo material se encuentra organizado por la retribución de los actos conscientes y por ambientes en los que predominan determinadas actitudes y hábitos mentales.

12. *Kośa* IV-1a.
13. «Cosmogony and Cosmology (Buddhist)» en Hastings (1908, vol. IV, 130).

Aunque no se le prestará demasiada importancia, la escolástica distingue entre el universo receptáculo, denominado *bhājanaloka*, del universo de los seres, denominado *sattvaloka*. De manera general, se puede decir que el primero se encuentra subordinado al segundo. Si surge en el mundo un sol, bello y fuerte, destinado a vivir muchos años, es como consecuencia de la maduración de acciones pasadas. Y ese astro necesita una morada y se crea un espacio donde habitar. De un modo parecido, al inicio de cada periodo cósmico, el universo se recrea mediante la energía de las acciones del conjunto de los seres conscientes. El poder cosmogónico y teogónico del karma nunca fue enfatizado tanto como en el budismo.

Del impulso del karma surge el primer ámbito del *bhājanaloka:* la residencia de Brahmā. Y de su fuerza nace el primero de los seres del *sattvaloka*, el Brahmā del nuevo periodo cósmico. Es el primer ser consciente que hace su aparición, pero es incapaz de recordar sus existencias previas y cree ingenuamente nacer de sí mismo, de su propia fuerza y energía. Con el tiempo, Brahmā se cansa de la soledad y busca compañía. Y cree crear a otros dioses, cuando en realidad éstos son resultado de actos del pasado. Es así como el budismo adapta y modifica creencias propias del brahmanismo. Muchos adoran a Brahmā y lo consideran el creador del mundo, pero ignoran que son hijos de sus propias acciones y que cada uno tiene lo que merece.

Conciencia en continuidad

Para comprender las diversas formas en las que los budistas concibieron la continuidad de la conciencia, es necesario recurrir al concepto de karma: la creencia en que todo acto tiene su retribución, en esta vida o en las subsiguientes. De acuerdo con esta doctrina, los seres forjan su destino mediante las acciones que llevan a cabo y, lo más decisivo, mediante los estados mentales que acompañan a dichas acciones. El reconocimiento de este hecho se considera parte integral de la experiencia del despertar y el budismo reivindicará la doctrina de karma como propia. En numerosos pasajes de la literatura canónica, el Buda instruye a los brahmanes sobre el alcance y profundidad del karma, a pesar de ser una creencia compartida por las otras dos grandes religiones de origen indio: el brahmanismo y el jainismo.

El término sánscrito *karma,* recientemente incorporado a los diccionarios de español, en su sentido lato significa cualquier actividad mental o corporal, extendiéndose también a las consecuencias o efectos de dicha actividad. En su aspecto soteriológico, el karma es además la suma de todas esas consecuencias en la vida presente o en una vida pasada y el encadenamiento de causas y efectos en el orden moral. Se suele concebir como una memoria infalible de las acciones de los seres, cuyo registro alcanza el ámbito de la mente: las intenciones y propósitos dejan su sello kármico. Para el budismo, el individuo ha moldeado y en cierto sentido creado las limitaciones de su carácter. A lo largo de la vida, mediante actos, palabras, sueños, deseos e intenciones, se construye ese artificio mental llamado karma, que es la energía que lleva a los seres a renacer.

En general, los budistas aspiran a generar y acumular buen karma, ya sea para conseguir un buen renacimiento o para avanzar en el camino hacia el despertar. Un ejemplo significativo de recolección de karma positivo lo encontramos en una de las colecciones más extensas y populares del budismo: los *jātaka*. Un género en el que el protagonista se identifica con un nacimiento previo de Gautama Buda, bajo la forma de hombre, dios o animal. En cada una de estas vidas, el *bodhisattva* o buda en formación nace para perfeccionar una de las diez virtudes excelsas *(pāramitā)*: generosidad, bondad, desprendimiento, discernimiento, firmeza, paciencia, veracidad, resolución, consideración y ecuanimidad. Estas diez virtudes, dice otro texto, no se encuentran en el cielo ni en la tierra, ni en Oriente ni en Occidente, ni en el Norte ni en el Sur, sino que residen en el corazón del ser consciente. En la vida surgen y en la vida habrán de desarrollarse, y una sola vida no basta para perfeccionarlas todas. La auténtica transformación moral requiere tiempo y el ser consciente habrá de recorrer incontables existencias si quiere llegar a la maduración última. En esa carrera a través de sucesivos renacimientos, el *bodhisattva* no es una misma persona, sino multitud, pero todas ellas forman una cadena relacionada causalmente. Otro es el que hereda el temple, la generosidad o la ecuanimidad del que le precedió. Se transmite un carácter, no un alma. Así se va recogiendo el mérito necesario que permitirá el logro del despertar.

Lo que distingue al budismo de otros movimientos de su época, su marca distintiva, es precisamente su posicionamiento en contra de la existencia de un sustrato esencial en los seres conscientes, de una entidad permanente que sería la que transmigraría de una vida a otra tras la descomposición del cuerpo físico. Esta idea constituye, para los budistas, el principal obstáculo para el logro del despertar. Esa concepción errónea del propio yo, y el apego a la quimera de una sustancia inalterable y eterna, constituye el aliento del renacer. Deconstruir esa idea del yo constituye uno de los aspectos fundamentales del budismo como crítica del brahmanismo.

Para el budismo, la vida consciente, en sus diversas formas, es un deambular sin rumbo ni propósito en un torbellino *(saṃsāra)* impulsado por el deseo ciego y la ignorancia. ¿Quién es entonces aquel que vaga en *saṃsāra*? ¿Quién habrá de heredar el karma? Las diversas respuestas a esta pregunta constituyen una parte importante del corpus filosófico budista cuyo desarrollo trataremos de describir. Una de las primeras formas de negar la sustancialidad del yo fue analizando los constituyentes del individuo, denominados técnicamente *skandha*. Según este análisis, lo que generalmente se entiende por individuo no es sino un compuesto de materia, sensaciones, ideas, predisposiciones y percepción cognitiva, realidades todas ellas fugaces y en continuo cambio. Cada uno de estos cinco elementos existe por sí mismo (aunque de forma efímera) y su combinación da lugar a lo que comúnmente llamamos persona. El sujeto se considera irreal, mientras que lo real (desde esta perspectiva, que es la que sostiene el *abhidharma*) son sus fugaces constituyentes. Atribuir a la persona un sustrato permanente supone un error fundamental que alimentará el apego, el anhelo y el egoísmo.

Ninguno de estos componentes puede considerarse una entidad inmutable o permanente. No habiendo un actor que pueda diferenciarse de la acción, ¿quién hereda el karma en una vida subsiguiente?, y ¿cómo se realiza la transición entre una existencia y otra? Para responder a la primera pregunta, los textos ofrecen algunas metáforas, como la de los lácteos. Después de un tiempo, la leche fresca se convierte en cuajada, posteriormente en mantequilla y, si se le extrae el agua mediante el calor, en mantequilla clarificada. Sería erróneo decir que la leche es lo mismo que la cuajada, la mantequilla o la mantequilla clarificada, aunque todos estos productos se producen a partir de ella. Y del mismo modo que no encontraremos leche fresca en la mantequilla clarificada, tampoco encontramos un yo que pase de un estado a otro. En efecto, lo que se da es una reanudación, una concatenación causal de dos procesos vitales donde no se preserva la individualidad o el yo, pero sí la continuidad. Para el budismo, toda identidad es caminera y, escatológicamente, transitiva.

Respecto a la segunda cuestión, el nacimiento de un nuevo ser (la formación del cuerpo a partir del embrión), se explica en términos kármicos. La fuerza interna que impulsa el crecimiento del organismo es efecto de acciones pasadas y tiene la forma de impresiones y predisposiciones que guiarán su desarrollo biológico (lo que hoy día llamaríamos código genético). Dichas predisposiciones se crean un cuerpo para realizar todo su potencial. Como prueba de esta afirmación, se dirá que el bebé ya sabe muchas cosas antes de nacer, conoce la satisfacción y el temor, la necesidad de alimentarse del pecho de la madre y está familiarizado con emociones típicamente humanas. Al mismo tiempo, esa acumulación de impresiones y predisposiciones que impulsan al ser vivo y que se hallan en estado latente en el interior del organismo, sirven para explicar la diversidad de los seres, sus diferentes formas y capacidades y las condiciones particulares que rodean su crecimiento y desarrollo. Se habla de un enlace en el renacer: en el proceso del remorir, el último estado consciente, condicionado por el karma e impulsado por el deseo y la ignorancia, se dirige hacia el vientre donde habrá de renacer. Y los textos utilizan las metáforas del sonido y su eco, del sello y su estampado.

Con la negación del yo, el budismo corría el riesgo de caer en el nihilismo. Algunos pasajes de la literatura canónica dan cuenta de dicha inquietud. Mantener la existencia del *yo* supone aceptar la permanencia, lo cual contradeciría un principio fundamental del budismo, la impermanencia de todo lo existente. Pero decir que no hay *yo* puede parecer adherirse a aquellos que no reconocen ningún valor moral inherente a la vida, y el budismo está muy lejos de dicha concepción. Este hecho encontrará justificación en cierta ambigüedad retórica, y se dirá que el que realiza una acción no es el que experimenta sus consecuencias, pero que tampoco es otro por completo distinto. El ser (esencialmente transitivo) que renace y experimenta el fruto de actos del pasado no es ni idéntico ni diferente de aquel que los cometió.

Para resolver esta ambigüedad, se recurre a la doctrina del surgimiento condicionado *(pratītyasamutpāda)*. Este término de carácter filosófico y técnico hace referencia al hecho de que la existencia de cualquier cosa o fenómeno se origina y depende de otras cosas o fenómenos. Y aunque estas últimas puedan considerarse causa del hecho producido, a su vez son el resultado de otras causas y condiciones. De acuerdo con la visión budista, el «origen condicionado» describe el modo en el que las cosas son: una concatenación de causas repetidas indefinidamente.

La ignorancia *(avidyā)* es lo que lleva a los seres a renacer, y por ello se considera el primero de los doce elementos de esta cadena causal, es decir, la primera de las doce bases *(nidāna)* de *pratītyasamutpāda*. Ella ata al individuo a la rueda de la vida y lo hace persistir obcecadamente en la existencia, impidiéndole atisbar la posibilidad de la liberación. No se trata de la ignorancia de ciertos conocimientos, sino de una nesciencia fundamental cuya ceguera fortalece el apego *(upādāna)* a los objetos de los sentidos. Una inopia sin comienzo *(anādy-avidyā)* que causa, alimenta y mantiene los procesos del renacer y es condición de un sufrimiento innato, pues hace posible y refuerza la construcción del yo *(ahaṃkāra)* y el sentido de lo mío *(mamakāra)*. El segundo eslabón de la cadena son las predisposiciones o tendencias mentales, denominadas *saṃskāra*, que configuran el temperamento y la actitud. Ambos factores, *avidyā* y *saṃskāra*, provienen de vidas pasadas, y juntos generan la conciencia *(vijñāna)* del nuevo ser. Dicha conciencia es el tercer factor de los doce y con ella se inicia la nueva vida.

El cuarto elemento es la configuración psicofísica del individuo (*nāma-rūpa*, literalmente nombre y forma). El nuevo ser, nuevo en cuanto que supone una nueva vida y un nuevo «yo», pero antiguo si se considera que lleva consigo el condicionamiento de innumerables vidas pasadas, extiende a su alrededor los seis sentidos (*ṣaḍāyatana*, los cinco sentidos más la mente). Los sentidos hacen posible el sexto eslabón de la cadena, el contacto *(sparśa)* con el mundo exterior e interior (la mente es el órgano sensorial interno). El contacto da lugar a la sensación *(vedanā)*. Y las sensaciones conducen irremisiblemente a la sed *(tṛṣṇā)*. La sed induce el apego *(upādana)* a las experiencias y el deseo de nuevas experiencias y nuevas vidas.

Estos ocho eslabones constituyen la base, en esta vida, del siguiente renacer *(bhava)*. Comienza así una nueva vida y un nuevo nacimiento *(jāti)*. Y todo ello conduce a una nueva vejez y una nueva muerte *(jarā-maraṇa)*. Este encadenamiento, dicen los textos, es al mismo tiempo la base de la experiencia y la experiencia misma de esa gran acumulación de sufrimiento que es el *saṃsāra*.

La interpretación errónea del concepto de individuo, es decir, en términos del *yo* en lugar de en términos del surgimiento condicionado, constituye para los budistas un error fundamental. La creencia en el *yo* representa el aferramiento, causa fundamental del sufrimiento, que la propia doctrina pretende desarraigar.

Espacio temperamental

Ya hemos visto que la tradición budista fue reacia a deslindar las acciones de sus estados mentales asociados, estableciendo la jerarquía y el valor de las mismas en función de las intenciones y las cualidades mentales que las motivan. Aunque el *abhidharma* reconoce un espacio cósmico *(bhājanaloka)* para cada uno de los ámbitos de existencia, la mentalidad budista tiende a entender dichos ámbitos como espacios temperamentales, donde los diferentes estados mentales y las diferentes posibilidades de la experiencia de sus habitantes no son una característica que añadir a una realidad sustantiva, sino la razón de ser de dichos ámbitos. En efecto, el espacio es, para el budismo escolástico, no tanto un espacio neutro desprovisto de cualidades, sino la consecuencia natural del estado mental de sus habitantes. Un espacio hecho de posibilidades cognitivas, vocaciones, temperamentos y carácter.

En sus primeras especulaciones cosmológicas, el *abhidharma* no contempla la posibilidad de un espacio despoblado. El abanico de las experiencias posibles de los seres conscientes establece la arquitectura del cosmos, que se entiende como la espacialización de ámbitos del renacer. Al mismo tiempo, esos ámbitos definen las condiciones de la experiencia de los seres que renacen en ellos. En el nivel más bajo, los seres de los abismos *(naraka)*, los espíritus hambrientos *(preta)* y una clase especial de dioses resentidos *(asura)*. Estos tres grupos disponen de una conciencia sensible limitada a los objetos que tienen a su disposición. Viven, por lo general, en espacios clausurados y oscuros que establecen los límites de su propia experiencia, restringida a los mecanismos del deseo ciego. Por encima de ellos se encuentran los hombres y algunas clases de dioses *(deva)*, que experimentan también una conciencia sensible, pero que disponen de objetos de contemplación que admiten nuevas posibilidades.

El budismo carece de la noción de un paraíso eterno. Para la escolástica, los «paraísos» son más bien estados de conciencia ordenados jerárquicamente. Comprenden seis niveles en el ámbito del deseo *(kāmaloka)* y diversos niveles del ámbito de la materia sutil *(rūpadhatu)* cuyos habitantes se denominan *brahmas*.[14] De nuevo se subraya la idea de que son las acciones conscientes las que configuran los ámbitos cósmicos. La existencia en los paraísos del deseo sensual *(kāmaloka)* es placentera y consecuencia del karma beneficioso *(kuśala)* y meritorio *(puṇya)* de aquellos que han desarrollado la práctica de la generosidad *(dāna)* y la buena conducta *(śīla)*. Mientras que la existencia entre los *brahmas* (en el ámbito de la materia sutil: *rūpadhatu)* es resultado del cultivo de estados mentales asociados con la serenidad y la contemplación.

Desde el ámbito del deseo se puede, mediante el ejercicio de la meditación, experimentar el ámbito de la materia sutil e incluso el ámbito inmaterial. Finalmente, se postula una conciencia trascendente *(lokkutara)* que se identifica con la mente en el momento del despertar. De entre todas las posibilidades de la existencia, destaca la versatilidad de la condición humana, capaz de sobrellevar con dignidad los dolores más abyectos y de desarrollar sus capacidades mentales hasta alcanzar ámbitos de completa serenidad. De manera general, los seres se dividen en aquellos que habitan el ámbito sensual *(kāmavacara)*, aquellos que habitan el ámbito de la materia sutil *(rūpavacara)* y aquellos que habitan el ámbito inmaterial *(arūpavacara)*.

Es muy posible que tanto el budismo popular como el escolástico hicieran posibles ambas lecturas: espacios cósmicos y estados de la mente. Un ejemplo claro de esta combinación entre crítica y asimilación lo tenemos en el *Kevaṭṭasutta* del

14. Por encima de ellos hay un ámbito carente de forma *(arūpadhatu)* que este texto no menciona. Las listas escolásticas llegarán a enumerar veintiséis de estos «paraísos» (todos ellos impermanentes), aunque su número varía en las diferentes escuelas.

Dīghanikāya.[15] En este relato, el deseo de comprender el *bhājanaloka* se representa en oposición al conocimiento y profundización del *sattvaloka*, empresa a la que está destinado el compromiso del monje con la existencia y los sufrimientos que se derivan de ella.

Desoyendo las recomendaciones del maestro, un monje de nombre Kevaṭṭa se recreaba en inquisiciones sobre el origen del mundo. Con el objeto de saber dónde se disuelven los cuatro elementos (donde termina el espacio o, en términos budistas, donde acaba el mundo condicionado), Kevaṭṭa asciende mediante la meditación a los diversos ámbitos de existencia para interrogar a sus moradores. En su vuelo mágico, el monje alcanza la corte de los Cuatro Grandes Reyes *(Cāturmahārājakāyika)*, el reino de los Treinta y tres *(Trāyastriṃśa)*, donde interroga al rey Sakka, los dioses Yāma y el soberano Suyāma. Visita a los dioses del paraíso Tuṣita (los deleitados) y a su monarca SanTuṣita, a los dioses Nirmanaratī (aquellos que se deleitan con su propia creación) y su rey Sunimmita, a los dioses aranirmitavaśarvatin (aquellos que se deleitan con la creación de otros) y a su soberano Vassavatti, a los dioses Brahmakāyikā, el *cuerpo* de Brahma, su séquito *(pārisajja)* y (ocho) consejeros *(purohita)*. A todos ellos pregunta y ninguno de los interrogados sabe dónde se disuelven los cuatro elementos: el elemento tierra, el elemento agua, el elemento fuego y el elemento aire; remitiéndolo sucesivamente a una autoridad superior.

15. Véase Dragonetti (1984, 101-114), que ofrece una traducción completa de este *sūtra* al castellano.

Finalmente, Kevaṭṭa llega ante Brahmā y formula impaciente su pregunta. El dios, ceremonioso y autocomplaciente, le responde:

—Yo soy Brahmā, el Gran Brahmā, el Soberano, el jamás vencido, el que todo lo ve, el poderoso, el Señor, el hacedor, el creador, el supremo regente, el padre de todo lo que es y de todo lo que será.

—Amigo —contesta el monje—, no te pregunto si tú eres quien dices ser. Sólo quiero saber dónde terminan, sin dejar rastro, los cuatro elementos, el agua, la tierra, el fuego y el aire.

Tras repetir tres veces la pregunta y obtener idéntica respuesta, Brahmā toma al monje por el brazo y, llevándolo aparte, le dice al oído:

—Oh, monje, estos dioses, mis siervos, con respecto a mí piensan: «No existe para Brahmā nada desconocido, nada que no haya visto, nada que no haya experimentado, nada que no haya realizado». Por esta razón, no contesté delante de ellos. Oh, monje, desconozco dónde se disuelven los cuatro grandes elementos: el elemento tierra, el elemento agua, el elemento fuego y el elemento aire. Por esta razón, has cometido un error al abandonar a Bhagavant y dirigirte aquí. Regresa donde se encuentra el maestro y formúlale a él tu pregunta. Y lo que te responda, eso habrás de creer.

La respuesta del Buda confirma la correspondencia entre espacio físico y estado mental. Los cuatro elementos no cesan «ahí fuera», en algún remoto lugar del cosmos, sino en la propia conciencia. El relato del *Dīghanikāya* es un buen ejemplo de cómo los budistas concibieron la naturaleza mental del espacio físico, donde diferentes estados de la mente cultivada sirven de acceso a diversos ámbitos cósmicos. Según esta lectura, el mapa del cosmos constituye un detallado informe de todas las experiencias posibles por las que habrán de transitar los seres conscientes. Es el propio deambular *(saṃsāra)*, ya se encuentre dirigido por los mecanismos del deseo ciego o por la intención de trascender su dominio, el que configura los diversos ambientes del espacio cósmico. Posteriormente, las tradiciones de la *Tierra pura*, ahondarán en esta idea: excelsos Budas configuran sus propias *tierras de dicha,* donde la existencia es serena y el despertar accesible.

Ámbitos de existencia

Según la taxonomía clásica de la tradición *theravāda* y *sarvāstivāda* existen ochenta y nueve o ciento veintiún estados mentales posibles. A grandes rasgos se clasifican en cuatro estadios. El más bajo de todos ellos es una conciencia elemental, le sigue una conciencia asociada a los cinco sentidos. Después de ella encontramos una conciencia sensible y diestra para «percibir» el ámbito de la material sutil. Finalmente, en la cúspide del sistema, tenemos las formas cognitivas del ámbito inmaterial. Como se ha dicho, esto es posible gracias al ejercicio eficaz de la meditación y estos estados, cuatro en total (aunque algunas listas subdividen el cuarto estado a su vez en cuatro), se denominan *jhāna* (sánscrito *dhyāna*). Desde el punto de vista cosmológico, este camino mental ascendente se corresponde con un mapa del universo.

Los términos que se refieren al universo en la literatura de los *nikāya* son *lokadhatu*: «sistema de mundos», y *cakkavāḷa* (sánscrito *cakravāla*, a veces *cakravāḍa*): «rueda de los mundos». En ellos se ubican los treinta y un ámbitos de existencia, configurados en los diferentes niveles de acuerdo con la calidad de la experiencia que en ellos tiene lugar. En un ambicioso artículo titulado «Cosmology and Meditation» publicado en 1997, Gethin ha investigado las relaciones entre lo teórico y lo mitológico en la literatura antigua budista.[16] Concretamente, su trabajo se centra en las relaciones entre la idea de un despliegue y repliegue cósmico y la naturaleza del cuarto estadio meditativo *(jhāna/ dhyāna)*. El término pali *jhāna* (sánscrito *dhyāna*) hace referencia a un estado de la mente al que se llega mediante la práctica de la meditación. Los *dhyāna* (pali: *jhāna*, chino: *chan*, japonés: *zen*) se definen como estados provisionales de la mente caracterizados por la calma y la concentración. Se describen como un estado de recogimiento, plenamente consciente del cuerpo, en el que la mente adquiere el temple y el poder de penetrar en la naturaleza de lo real. Se describen ocho estadios progresivos, cuatro pertenecientes al ámbito de la materia sutil *(rūpa)* y cuatro al ámbito inmaterial *(arūpa)*.

Estos estados de la mente aparecen mencionados con frecuencia en las colecciones de diálogos *(nikāya* y *āgama)* y son objeto de comentarios y aclaraciones en la literatura escolástica *theravāda* y *sarvāstivāda*. Buddhagosa describe en su *Visuddhimagga* (*ca*. siglo v), un estimado manual de técnicas de la meditación, un total de ocho estadios o «trances». És-

16. Gethin (1997, 183-217).

tos se dividen a su vez en dos categorías: los cuatro primeros pertenecen a un ámbito de refinada sensibilidad *(rūpadhatu)*, mientras que los cuatro últimos se asocian a la experiencia de un ámbito inmaterial *(ārūpyadhātu)*. Los primeros cuatro *dhyāna* conducen a un estado apacible y libre de sufrimiento. En el primer *dhyāna*, la mente ha logrado liberarse de los cinco obstáculos *(pañca-nīvaraṇa)*: ansia, aversión, pereza, agitación y duda. Se experimenta la unidad *(ekāgratā)*, la dicha *(prīti)* y la satisfacción *(sukha)*. Permanece una sutil actividad mental *(vitarka)* que permite la adhesión o consideración a los objetos mentales *(vicara)* y que únicamente es perceptible para aquellos que conocen el segundo *dhyāna*. En el segundo *dhyāna* ha cesado toda actividad mental *(vitarka* y *vicara)* y sólo permanecen la dicha *(prīti)*, la satisfacción *(sukha)* y la unidad *(ekāgratā)*. En el tercer *dhyāna* ha desaparecido la dicha, quedando sólo la satisfacción y la unidad. En el cuarto *dhyāna* ha desaparecido la satisfacción y aparece un nuevo estado, la ecuanimidad *(upekṣa)*, que se une a la sensación de unidad *(ekāgratā)*, alcanzándose un estado que ha trascendido las nociones de placer y dolor.

Los *dhyāna* son llamados «las huellas del Tathāgata», por ser la descripción del itinerario mental que realizó el Buda la noche del despertar.[17] Tradicionalmente, este cuarto *dhyāna* abre las puertas a poderes extraordinarios, denominados *abhijñā*. Dominar estos estados supone poder acceder a ellos a voluntad y permanecer en ellos durante varias horas. Hay cuatro estados

17. *Ānāpānasatisutta*, *MN* 118.

meditativos todavía más profundos, denominados inmateriales o carentes de forma *(arūpa),* para distinguirlos de los anteriores: *1*. La dimensión de la infinitud espacial. *2*. La dimensión de la infinitud de conciencia. *3*. La dimensión de la nada. *4*. La dimensión que no es ideación ni ausencia de ideación.

Esta división entre un ámbito de la forma y un ámbito carente de forma (o entre un ámbito material y otro inmaterial) no siempre es taxativa y en ocasiones se explican los últimos cuatro estadios (5-8) como subestados del cuarto *dhyāna*. Lo que sí es evidente es que los *dhyāna* establecen una jerarquía de niveles de relación con lo real. Conforme se avanza en la concentración meditativa, se alcanzan niveles más profundos de absorción hasta llegar a un punto en el que todas las sensaciones quedan suprimidas: la obtención de esta experiencia (el cuarto *dhyāna*) se caracteriza por la ecuanimidad y por el logro de ciertos poderes, como el conocimiento de las vidas previas. El cuarto *dhyāna* da acceso además a los cuatro subestados carentes de forma (o inmateriales, *arūpya*): la infinitud espacial *(ākāśānañcāyatana)*, la infinitud de conciencia *(viññanañcāyatana)*, la nada *(akiñcañcāyatana)* y a un estado que ni es perceptible ni imperceptible *(nevasaññānāsaññāyatana)*. Estos trances o estados de conciencia no son un fin en sí mismos, todos ellos se consideran en último término impermanentes, insatisfactorios y vacíos. Son simplemente etapas que recorrer para la obtención del nirvana.

Pero lo que nos interesa aquí es el tipo de relación que algunos textos establecen entre estas *moradas* y la estructura del universo. Si consultamos fuentes jainistas, brahmánicas e, indirectamente, *ājīvika,* comprobaremos que en la época del Buda existían numerosas ideas acerca de la naturaleza y el orden en el universo. La tradición budista, como se ha dicho, enlistaba treinta y un ámbitos de existencia *(bhūmi)*, en los que podemos encontrar mentes que habitan mundos finitos, clausurados y oscuros, y otras que habitan mundos radiantes de ilimitada extensión.

CUADRO III.2. *Los estados meditativos*

	adhidaivatam	*adhyātman*
	Lugar del espacio	*Estado de la mente*
BRAHMALOKA	Akaniṣṭha Sudarśana Sudṛśa Atapa Avṛha Asañña-satta Bṛhatphala	Cuarto *dhyāna*
	Subha-kiṇha Appamāṇa-subha Paritta-subha	Tercer *dhyāna*
	Ābhāsvara Apramāṇābha Parīttābha	Segundo *dhyāna*
	Mahābrahma Brahmapurohita Brahmakāyika	Primer *dhyāna*
KĀMALOKA	Paranirmitavaśavartin Nirmanaratī Tuṣita Yāma Trāyastriṃśa Caturmahārājakāyika	Seis tipos de conciencia sensorial

Los primeros cuatro *dhyāna* corresponden a los diecisiete ámbitos de refinada sensibilidad *(rūpadhātu)*, justo por encima de los seis paraísos del ámbito del deseo *(kāmadhātu)*. Por encima de ellos se encuentran los cuatro ámbitos inmateriales citados *(ārūpyadhātu)*. Estos estados de la mente pueden experimentarse mediante la concentración meditativa en diferentes momentos de la vida consciente y durante largos periodos de tiempo mediante el renacimiento en dichos ámbitos. Las correspondencias entre los estados de la mente y la naturaleza del espacio cósmico se pueden sintetizar en el siguiente esquema:

Ámbito carente de forma *(ārūpyadhātu)*:

31. Naiva saṃjñā na asaṃjña: Ámbito ni de ideación ni de no ideación.
30. Ākiṃcanya: Ámbito de la nada.
29. Vijñāna anantya: Ámbito de infinita conciencia.
28. Ākāśā anantya: Ámbito del espacio infinito.

Ámbito de la forma pura *(rūpadhātu)*:

Las cinco moradas puras (*suddhāvāsa*):

27. Akaniṣṭha (Suprema).
26. Sudarśana (Clarividente).
25. Sudṛśa (Apacible).
24. Atapa (Serena).
23. Avṛha (Permanente).

22. Asañña-satta (Seres inconscientes).
21. Bṛhatphala (Inmenso fruto).

20. Subha-kiṇha (Ámbito de la belleza).
19. Appamāṇa-subha (Ilimitada belleza).
18. Paritta-subha (Limitada belleza).

17. Ābhāsvara (Esplendorosos).
16. Apramāṇābha (Esplendor ilimitado).
15. Parīttābha (Esplendor limitado).

14. Mahābrahma: El gran Brahma.
13. Brahmapurohita: Consejeros de Brahma.
12. Brahmakāyika: Séquito de Brahma.

Ámbito del deseo *(kāmadhātu)*:

Siete destinos dichosos (*sugati*):

11. Paranirmitavaśavartin: Los que se deleitan con la creación de otros.
10. Nirmāṇarati: Los que se deleitan con su propia creación.
9. Tuṣita: Ámbito de deleite.
8. Yama: Ámbito de Yama.
7. Trāyastriṃśa: Los Treinta y tres.
6. Caturmahārājakāyika: Los Cuatro Grandes Reyes.
5. Manuṣya: La condición humana.

Cuatro condiciones nefastas (*durgati*):

4. Asura (Violenta).

3. Preta (Fantasmal).
2. Tiryagyoni (Animal).
1. Naraka (Abismal).

El mundo sensible

El *Comentario al Tesoro de la doctrina (Abhidharmakośabhāṣya)*, compuesto por Vasubandhu en torno al siglo IV o V, sintetiza en sus estrofas *(kārikā)* aspectos esenciales de las doctrinas del *sarvāstivāda-vaibhāṣika*, mientras que el comentario *(bhāṣya)* somete a crítica algunas de las concepciones de compendios doctrinales antiguos como el *Vibhāsa* de Cachemira o el *Abhidharmahṛdaya* de Gandhāra. La obra se divide en nueve libros que analizan, sucesivamente: *1*. Las bases de la percepción *(dhātu)*.[18] 2. Las facultades humanas *(indriya)*. *3*. Los mundos o universos *(loka)*. *4*. La acción y sus consecuencias (karma). *5*. Las tendencias latentes negativas *(anuśaya)*.[19] *6*. La vía espiritual *(mārgapudgala)*. 7. El conocimiento *(jñāna)*. *8*. Los estados meditativos *(samāpatti)*; y *9*. la identidad *(pudgala)*. El libro tercero se ocupa de las diferentes nociones

18. Son dieciocho y consisten en tres grupos de seis: los cinco sentidos más la mente, sus objetos y la conciencia de su aprehensión. Es decir: el ojo, la visión y la conciencia de ver; el oído, el sonido y la conciencia de escuchar, etc., la mente, las ideas y la conciencia de las ideas. El término *dhātu* se utiliza también en compuestos como *dharmadhātu*, *buddhadhātu* o *lokadhātu*, refiriéndose aquí a la fuente o matriz de la doctrina, del despierto o del mundo.
19. El canon pāli lista siete *anusaya* (sánscrito *anuśaya*): deseo *(kāmarāga)*, aversión *(paigha)*, especulación *(dihi)*, duda *(vicikicchā)*, orgullo *(māna)*, deseo de existir *(bhavarāga)* y nesciencia *(avijjā)*, factores todos ellos sintomáticos de confusión mental y turbulencia emocional.

escolásticas en torno a la naturaleza del espacio y del tiempo y de la estructura y funcionamiento del cosmos.

Como se dijo, la obra acepta la existencia de innumerables universos, aunque reconoce en todos ellos una misma estructura *(cakravāḍa)*, estratificada en tres niveles, que son al mismo tiempo tres estados de la mente consciente. En términos espaciales los niveles son únicamente dos, pues, como veremos, el tercero *(ārūpyadhātu)* es inmaterial y no puede considerarse por tanto espacial, aunque sí temporal. Hay un tiempo sin espacio, que permanece entre los ciclos de contracción y despliegue del cosmos.

En el nivel inferior se encuentra el mundo sensual, de tosca materialidad, denominado *kāmadhātu*.[20] Es el ámbito de la experiencia sensible e incluye cinco ámbitos del renacer *(gati)*: abismal, fantasmagórico, animal, humano y divino. El comentario enlista seis paraísos de deleite sensible: *cāturmahārājika*, *Trāyastriṃśa*, *yama*, *Tuṣita*, *nirmanaratī* y *paranirmitavaśarvatin*. A éstos hay que añadir el espacio receptáculo *(bhājanaloka)* que ocupan estos seres y que se explicará en la estrofa cuarenta y cinco del mismo capítulo. Los ocho abismos son: *saṁjīva*, *kālasūtra*, *saṁghāta*, *raurava*, *mahāraurava*, *tapana*, *pratāpana* y *avicī*. El ámbito humano se subdivide en cuatro continentes: Jambudvīpa, Pūrvavideha, Avaragodānīya y Uttarakuru. Así pues, *kāmadhātu* se compone de veinte ámbitos diferentes: abismos (ocho), manes, animales, humanos y divinos (seis).[21]

El mundo del deseo sensual es el mundo que todos conocemos, la novedad estriba en que la tradición incluye en él algu-

20. *Kośa* III 1a-c.
21. *Kośa* III 1c-d.

nos paraísos y ciertos abismos. Se trata de un mundo gobernado por el deseo *(kāma)*. Y ¿qué es *kāma*?, se pregunta Vasubandhu. *Kāma* es apetito de placer, impetuoso deseo de alimento, deseo sexual. *Kāma* es «aquello que desea» *(kāmyata aneneti kāmaḥ)*. Y se cita una sentencia de Śāriputra, que nos recuerda que el budismo tuvo su origen en las tradiciones ascéticas: «Las cosas buenas de este mundo no son *kāma*; en los humanos, *kāma* es el deseo que nutre la imaginación. Poca importancia tienen los objetos del deseo: el sabio es indiferente a ellos».[22] El comentario define también el compuesto *kāmadhātu*. *Dhātu* es aquello que porta *(dadhāti)* una característica propia *(svalakṣana)*, en este caso *kāma* (la sensualidad) y sus objetos de deseo (*kāmaguṇa*). De este modo, *kāmadhātu* es el *dhātu* asociado con *kāma* y lo traducimos por «mundo sensual». Del mismo modo que *rūpadhātu* significa el *dhātu* asociado con la materia sutil *(rūpa)*. *Rūpa* es también aquello que es susceptible de ofrecer resistencia *(rūpaṇa)* debido a su consistencia. Mientras que *ārūpa* («inmaterial») define el tercer ámbito, el *dhātu* carente de materia.[23]

El mundo sutil

El término *rūpa* generalmente hace referencia a la materia que conforma y se manifiesta a los sentidos.[24] Pero en el contexto

22. *AN:* 3, 411. ref. Vallée-Poussin.
23. *Kośabhaṣya* III 3c-d.
24. En las teorías budistas sobre la identidad personal, el primero de los *skandha* es *nama-rūpa*. En este contexto, *rūpa* hace referencia al cuerpo material del individuo, mien-

de las teorías sobre la mente y el cosmos, asociado con *dhātu* en el compuesto *rūpa-dhātu*, se refiere al segundo de los tres niveles que configuran tanto el cosmos como la experiencia mental. *Rūpadhāthu*, que puede traducirse como «mundo de la materia sutil», se compone de diecisiete ámbitos *(bhūmi),* cuyo *material* se asocia con los diferentes estadios de la meditación *(dhyāna),*[25] de ahí que dichos ámbitos puedan experimentarse tanto renaciendo en ellos como mediante el cultivo mental. Se habla de «materia sutil» por su naturaleza serena y contemplativa, tanto en los ámbitos cósmicos como en sus estados mentales asociados *(dhyāna)*. En *rūpadhātu*, la actividad sexual, táctil, olfativa y gustativa ha desaparecido, así como cualquier tipo de dolor físico (aunque no ciertas inquietudes o insatisfacciones debidas a la fugacidad de la experiencia), quedando sólo operativos lo visual y auditivo.

¿Cuál es la naturaleza y el alcance de estos estados de la mente? Ya hemos visto que el término *dhyāna* se refiere al trance o absorción meditativa. La tradición distingue cuatro de estos trances, los primeros tres pertenecen al ámbito de *rūpadhātu,* mientras que el cuarto puede pertenecer tanto al mundo de materia sutil como al mundo inmaterial de puro entendimiento *(ārūpyadhātu)*.[26] Los *dhyāna* tienen como prerrequisito la concentración mental *(śamatha)*. En ellos, la actividad sensorial queda en suspenso y la actividad de la mente se atenúa

---

tras que *nāma* se refiere al complejo psíquico constituido por la percepción *(saṃjñā)*, la sensación *(vedanā)*, las inclinaciones *(saṃskāra)* y la apercepción *(vijñāna)*.

25. *Kośa* III 2 a-d.

26. El esquema de los *dhyāna* fue desarrollándose gradualmente. A veces se consideran ocho, siendo el cuarto subdividido en otros cuatro.

progresivamente. Así, en el primer *dhyāna* se dan todavía la conceptualización *(vitarka)* y la reflexión *(vicāra),* mientras que en el segundo han desaparecido. En el cuarto *dhyaña* es donde se adquiere el conocimiento de las vidas previas y ciertos poderes extraordinarios, quedando extinguida toda sensación y obteniéndose una ecuanimidad que da acceso a los estados del mundo inmaterial.[27] La experiencia de los *dhyāna* no constituye, como se dijo, un fin en sí mismo, sino sólo un medio para la obtención del nirvana. Se consideran estados pasajeros y condicionados, y por tanto insatisfactorios. Los trances no suponen una transformación mental definitiva; una vez que se sale de ellos, la mente recobra las carencias que tenía antes de entrar en ellos. La asociación entre estados de la mente *(citta)* y ámbitos cósmicos *(bhūmi)* permite experimentar estos ámbitos en largos periodos de tiempo, cuando se renace en ellos, o mediante los vislumbres pasajeros de la meditación, que pueden entenderse como estados de paramnesia, pues, como veremos, todos los seres ya han recorrido los diversos ámbitos en numerosas ocasiones.[28] Dicha vinculación explica que un mismo término, *bhūmi*, se utilice tanto para referirse a los diferentes niveles de evolución espiritual del individuo como a los dife-

27. La experiencia de los *dhyāna* no se considera un fin en sí mismo, sino un medio para la obtención del nirvana. Los *dhyāna* son estados momentáneos y condicionados, por tanto insatisfactorios. Una vez que se sale de ellos, la mente recobra sus carencias.
28. *Kośa* III 2. Aunque la paramnesia aquí aludida no implica un desorden de la memoria, como supone la medicina moderna. El primer *dhyāna* se asocia con el ámbito Brahmakāyika, Brahmapurohita y Mahābrahma. El segundo con Parīttābha, Apramānābha y Ābhāsvara. El tercero con Parīttaśubham Apramāṇaśubha y Śubhakṛtsna. El cuarto con Anabhraka, Puṇyaprasava, Bṛhatphala y los cinco Śuddhāvāsika: Avṛha, Atapas, Sudṛśa, Sudarśana y Ākanistha. Estos diecisiete ámbitos *(bhūmi)* constituyen el mundo de *rūpadhātu,* aunque otras escuelas, como la de Cachemira, listan sólo dieciséis.

rentes lugares del espacio cósmico. La jerarquía cosmográfica corre en paralelo a la jerarquía de la experiencia mental. El viaje de la conciencia puede entenderse como un viaje cósmico, cuyo desplazamiento es posible gracias al cultivo de la mente.

El mundo inmaterial

El tercero y más elevado de los mundos, *ārūpyadhātu*, no es un lugar en el espacio, pero sí un momento en el tiempo.[29] No es lícito hablar aquí en términos espaciales, pues los *dharma* inmateriales no ocupan lugar. Y, sin embargo, este estado de la mente tiene cuatro formas de existencia.[30] En este contexto, «existencia» significa la aparición de los *skandha* (proyectados por el karma) en un nuevo ámbito. Vasubandhu pregunta: «Si los estados mentales tienen como soporte la materia *(rūpa),* ¿cuál será el soporte de la serie de estados mentales (que constituyen los seres) en *ārūpyadhātu*?» La respuesta, en la siguiente estrofa, no carece de hermetismo: adjudica el soporte al *género* y a las *facultades vitales*.[31] En comentario añade que los seres de *ārūpyadhātu* encuentran soporte en dos *dharma* disociados de la mente: *nikāyasabhāgatā* (género o clase) y *jīvitendriya* (facultad vital).[32] *Sabhāga* hace referencia

29. *Kośa* III 3a.
30. *Ākāśānantyāyatana, vijñānantyāyatana, ākiṃcanyātana* y *naivasaṃjñāyatana*.
31. *Kośa* III 3c-d. Vallée-Poussin comenta: «la mente y los estados mentales de los primeros dos *dhātu* son *āśrita* (algo soportado) y tienen como soporte un cuerpo dotado de órganos. La mente "cae" o muere, cuando se destruyen dichos órganos».
32. *Kośa* II 41a.

a la noción de participación. *Sabhāgata* es la causa del resemblar, aquello que produce el parecido entre los seres vivos. Pero, en el ámbito de las ideas *(buddhi)* y de las expresiones *(prajñapti)*, tiene relación también con lo genérico, con aquello que se aplica a diferentes entidades. Así *sabhāgata* da sentido o justifica expresiones como *skandha* o *dhātu*, que tienen una naturaleza genérica. Las resonancias platónicas son más que evidentes. En el mundo material, esto no sería posible porque estos dos *dharma* carecen de la fuerza necesaria para mantener, por sí mismos, la existencia. Pero en el mundo inmaterial sí que es posible que la idea o género se mantenga viva, y que la vida a su vez mantenga la idea. El género o idea y la facultad vital se mantienen uno a otro en *ārūpyadhātu*.

En otro lugar de la misma obra se vuelve a plantear la cuestión.[33] ¿Cómo puede existir la mente en *ārūpyadhātu* sin que haya un soporte material?, o ¿cómo podría algo inmaterial dar con imágenes, intereses o categorías *(nikāya)*? Si la mente no se ocupara de nada, no sería consciente (la conciencia es siempre de algo), y si se ocupara de todo lo posible, no sería la mente de un ser particular con su propio itinerario kármico.[34] Concluyendo de nuevo que su soporte ha de ser el género *(nikāya)* y la vida *(jivita)*.

La escuela *sautrāntika* no admite la existencia de este *dharma* genérico. La serie de estados mentales carece de un soporte externo a ella misma en *ārūpyadhātu*. ¿Cómo es posible que exista sin soporte? Simplemente porque es «proyectada» me-

33. *Kośa* VIII 3.
34. Compárese con el *puruṣa* del *saṃkhya*, que es conciencia sin contenido.

diante una determinada causa *(karmakleśa)*. Si dicha causa no se encuentra libre del apego por la materia, la serie reaparecerá en el mundo material y encontrará soporte en la materia. En caso contrario, la mente (considerada una serie de estados mentales) existirá sin relación con la materia. Al margen del modo en el que se justifique un mundo mental sin soporte material, lo significativo desde la perspectiva cosmológica es la hipótesis misma de un ámbito inmaterial. A ese ámbito, como veremos, quedará reducido el universo en sus periódicos ciclos de repliegue.

Vasubandhu sugiere que estos tres *dhātu* forman tres niveles, tanto en la jerarquía cósmica como en la evolución de las conciencias, pero que estas «capas» se encuentran de alguna manera entretejidas. El filósofo cuestiona si debería considerarse «integral» a un *dhātu*, es decir, del dominio de ese *dhātu*, a todos los *dharma* que se producen en él. Y concluye aceptando la posibilidad de que algunos *dharma* producidos en *kāmadāthu* sean de la esfera de *rūpadhātu* o *ārūpyadhātu*, por ejemplo debido a los logros de la concentración mental. En el libro octavo se añade que estos estados *(dhyāna)* tienen siempre un recorrido ascendente (y no descendente), pues de otro modo carecerían de utilidad. Es decir, los *dhyāna* de otras esferas se producen siempre en estados de conciencia que pertenecen a esferas inferiores.[35] Por lo tanto, no todos los *dharma* producidos en un *dhātu* tienen el anhelo *(rāga)* propio de ese *dhātu*. El anhelo propio de *kāmadhātu* es el anhelo de seres absorbidos

35. *Kośa* VIII 19 c-d.

(samāhita) por su ambiente y no desapegados de los deseos que su mundo ofrece. Lo mismo puede decirse para los otros dos ámbitos *(rūpadhātu* y *ārūpyadhātu)*, pero ello no significa que no puedan producir algunos *dharma* pertenecientes a estadios superiores (del cosmos o de la mente).

Cada uno de estos tres mundos o esferas *(dhātu)* son infinitos como el espacio, y aunque no se generen nuevos seres y los Budas logren que muchos de ellos obtengan el nirvana, los seres nunca se agotan.[36] Algunos textos conciben la configuración de los *dhātu* en capas horizontales planas, no habiendo discontinuidad en ninguna dirección de los cuatro puntos cardinales.[37] Otras opiniones (Sthiramati) describen estos ámbitos como esféricos, extendiéndose no sólo en la dirección de los puntos cardinales, sino también hacia el cenit y el nadir. El comentario añade: «Habrá entonces un *kāmadhātu* sobre Akaniṣṭha (el último *bhūmi* de *rūpadhātu)* y un Akaniṣṭha por debajo de *kāmadhātu*». Entendiéndose que se trata de una sucesión infinita de capas esféricas que constituyen los innumerables universos (cada uno de ellos con los tres mundos mencionados). *Ārūpyadhāthu* no se considera parte de esta estructura, pues, como se ha dicho, no se trata de un ámbito espacial.

De nuevo es necesario recurrir a la escala de los *bhūmi*, ofrecida en el cuadro III.3:

36. Un comentario del *Dhammasaṅganī* (el primer libro del *abhidhamma piaka*) asociado a la escuela de Buddhagosa, titulado *Atthasālinī* (160), cita los cuatro infinitos *(ananta)* budistas: *ākāso ananto* (el espacio), *cakkavālāni anantāni* (el cosmos), *sattakāyi ananto* (los seres), *buddhañāṇam anantam* (el conocimiento de los Budas).
37. *SN:* 34. 7.

Cuadro III.3. *Escala de los bhūmi*

Ámbitos cósmicos (dhātu)		*Estados mentales (citta)*
Inmaterial Ārūpyadhātu	Naivasamjñānāsamjña Ākimcanya Vijñānānantya Ākāsanantya	Cuarto *dhyāna*
Materia sutil Rūpadhātu (brahmas)	Akanistha Sudarśana Sudrśa Avrha	
	Asaññasatta Brhatphala	
	Subha-kinha Appamānsubha Parittasubha	Tercer *dhyāna*
	Ābhāsvara Apramānābha Parīttābha	Segundo *dhyāna*
	Mahābrahmā Brahmāpurohita Brahmākāyika	Primer *dhyāna*
Sensual Kāmadhātu	Paranirmitavaśavartin Nirmānarati Tuṣita, Yama, Trāyastriṃśa Caturmahārājakāyika	Estados dominados por el desapego, la generosidad y la virtud
	Manusya	
	Asura Preta Tiryagyoni Naraka	Estados dominados por el odio, la confusión y el deseo ciego

Aunque cada una de las capas mencionadas pertenece a un universo concreto, quienquiera que se desapega de un *kāmadhātu* particular se desapega al mismo tiempo de los *kāmadhātu* de todos los universos, y lo mismo puede decirse para los otros *dhātu*. Sin embargo, los poderes extraordinarios obtenidos mediante el primer *dhyāna* se limitan al universo en el que se producen.

Catálogo de cuerpos y mentes

Se distinguen siete moradas de la conciencia *(vijñānasthiti)*:

1. Seres materiales diferentes en cuerpo e ideas. Los humanos y los dioses de *kāmadhātu*. Difieren en cuerpo porque sus marcas, color y figura no son los mismos. Difieren en ideas porque no comparten sus nociones de lo placentero y lo desagradable.
2. Seres materiales diferentes en cuerpo, pero de ideas similares. Las divinidades del primer *dhyāna*.[38] Todas ellas coinciden en la idea de una causa única. Brahmā piensa: «Los seres fueron creados por mí», mientras que su séquito piensa: «Fuimos creados por Brahmā». De acuerdo con algunos comentaristas, estos dioses renacen en el ám-

38. Vallée-Poussin (1988, 501): Los dioses asociados con el primer *dhyāna* son: *1*. Brahmakāyika, *2*. Brahmapurohita, *3*. Mahābrahmā. Para la escuela de Cachemira, los Mahābrahmā no constituyen un lugar *(sthāna)* diferente de los Brahmapurohita. El *Vibhāṣa* considera que estos últimos (los dioses del primer *dhyāna*) no tienen por qué tener ideas distintas.

bito de Brahmā tras morir en Ābhāsvara (que pertenece al segundo *dhyāna*) y comparten el error de considerar a Mahābrahmā el creador del mundo.

3. Seres materiales similares en cuerpo, pero de ideas diferentes. Los dioses Ābhāsvara (que incluyen los Parittābha y Apramāṇābha). El *Vibhāṣa* afirma (erróneamente para Vasubandhu) que estos dioses, fatigados de las sensaciones placenteras propias del segundo *dhyāna*, entran en un estado de absorción indiferente al placer y el hastío. Del mismo modo que un rey, fatigado de los placeres sensuales *(kāmasukha)*, se entrega al placer del gobierno *(dharmasukha)*. Los *sautrāntika* tienen una opinión diferente: las diferencias no son respecto al placer o el hastío, sino de temor o confianza: «Los seres que renacen por poco tiempo en Ābhāsvara saben poco acerca de las leyes que rigen la destrucción del universo, y cuando ven las residencias de Brahmā (primer *dhyāna*) incendiadas, se inquietan pensando que las llamas alcanzarán su morada. Pero los seres que han vivido durante largo tiempo en Ābhāsvara saben que esto no ocurrirá».
4. Seres de cuerpos e ideas similares. Los dioses del tercer *dhyāna*: Śubhakṛtsna. Participan de las mismas ideas, pues comparten idénticas sensaciones de placer. En el primer *dhyāna* hay uniformidad de ideas, aunque se trate de ideas viciadas. En el segundo *dhyāna* hay diversidad de ideas y en el tercero regresa la uniformidad. Dichas ideas son resultado de la retribución kármica.

5-7. Tres clases de seres inmateriales. Los tres primeros *ārūpya*.

Los *vijñānasthiti* están constituidos por los cinco *skandha* de *kāmadhātu* para los primeros cuatro y por cuatro *skandha* para los tres últimos (donde *rūpa* está ausente). En el resto, la percepción cognitiva *(vijñāna)* se encuentra reducida, tanto en los destinos nefastos *(durgati)* como en ámbitos asociados al cuarto *dhyāna*: *asaṁjñisattva*, y el cuarto *ārūpya*: *naivasaṁjñānāsaṁjñāyatana*, llamado también *bhavāgra* o «la cima de la existencia». En los destinos nefastos *(durgati)*, las sensaciones de dolor dañan la percepción cognitiva *(vijñāna)*. En el cuarto *dhyāna*, el meditante puede cultivar *asaṁjñisamāpatti*, la absorción inconsciente, y en este *dhyāna* se encuentra también *āsaṁjñika*, el *dharma* que crea los dioses inconscientes *(asaṁjñisattva)*. En *bhavāgra* también se puede cultivar el *nirodhasamāpatti*, la absorción meditativa en la que cesan las ideas y las sensaciones. Por lo tanto, *bhavāgra* no es una «morada de la conciencia» *(vijñānasthiti)*, pues en él no se produce actividad alguna de la percepción cognitiva. Si añadimos *bhavāgra* y *asaṁjñisattva* a las siete moradas de la percepción cognitiva *(vijñānasthiti)*, tendremos las «nueve moradas de los seres» *(sattvavāsa)*.[39]

Respecto a los seres mismos, cuatro son las matrices *(yoni)* de las que pueden surgir.[40] *1*. Seres nacidos de huevo. *2*. Seres nacidos de vientre. *3*. Seres nacidos de humedad. *4*. Seres aparentes. Estos últimos son denominados «aparentes» *(upapāduka)*, porque son diestros en aparecer *(upapādana)* y porque surgen de una vez, con los miembros perfectamente formados

39. *Kośa* III 6c-d. Otros textos consideran un número diferente de *sthiti*.
40. *Kośa* III 8c-d.

y sin pasar por un estado embrionario. A ellos pertenecen los seres abismales, los dioses y las existencias intermedias *(antarabhava),* que sirven de transición entre la muerte y el subsiguiente renacimiento.[41] Ya hemos hablado de la ley que rige estas operaciones, *pratītyasamutpāda*, que regula la aparición o desaparición de los seres en los diferentes ámbitos. Consta de doce miembros *(nidāna)*,[42] que se extienden a tres periodos de tiempo (pasado, presente y futuro).[43] Esta ley representa la forma budista de entender la causalidad en relación con los itinerarios mentales (kármicos) de los seres.

Comentando la estrofa veintiocho, Vasubandhu establece su posición respecto a la naturaleza de esta ley. Algunas escuelas la consideraron incondicionada *(asaṃskṛta),* es decir, una ley al margen de las tres marcas distintivas de lo existente: la fugacidad *(anitya),* la falta de esencia *(anātman)* y la inquietud *(duḥkha)*. Esta afirmación puede ser verdadera o falsa según se interprete. Si se quiere decir que siempre se producen las *saṃskāra* (segundo eslabón) debido a la ignorancia (*avidyā:* primer eslabón de la cadena causal de *pratītyasamutpāda*), y que las cosas no se producen por otra razón o sin causa, entonces Vasubandhu acepta que *pratītyasamutpāda* es una ley eterna *(nitya)*. Pero si se pretende afirmar que existe un cierto *dharma* eterno denominado *pratītyasamutpāda*, ello supondría una falsa suposición que contradeciría la impermanencia de todas las cosas.

41. *Kośa* III 9b-c.
42. *Kośa* III 20a.
43. *Kośa* III 21a-d.

Aspectos de lo inmaterial

Ya hemos descrito algunas características inherentes al ámbito inmaterial, abordaremos ahora su relación con aspectos relacionados con la cultura mental y la práctica de la meditación. El capítulo octavo del *Abhidharmakośa* se dedica al análisis de los estadios meditativos. Los *dhyāna* constituyen un estado de la mente concentrada *(samāpatti)* y un ámbito para el surgimiento de lo existente *(upapatti)*, y salvo en los *dhyāna* inmateriales *(ārūpya)*, todos ellos constituyen un soporte *(aśraya)* para las cualidades, ya sean específicas o generales, puras o impuras, de las cosas.

Vasubandhu define *dhyāna* como el estado en el que el meditante, sumido en un estado de concentración *(samādhi)*, puede «conocer verdaderamente» *(upanidhyai)*, y cita la célebre fórmula: *samādhūpanisaṁ yathābhūtaṁ ñāṇasassanam*.[44] La meditación budista desarrolla en general dos tipos de ejercicios. El primero, llamado *dhyāna*, combina el cultivo de estados de serenidad *(śamatha)* con técnicas de concentración *(samādhi)*, pero se considera que en sí mismo no basta para el logro de la liberación. Hace falta desarrollar facultades cognitivas *(jñāna)*, como la observación certera *(darśana)* y la percepción clarividente *(vipaśyanā)*, junto con el cultivo del discernimiento *(prajñā)*. En general, se asocia *śamatha* con *samādhi* y *vipaśyanā* con *prajñā*. La serenidad y la percepción clarividente han de encontrarse equilibradas como las yeguas de un carro.

44. *N* 2. 31.

En los ámbitos inmateriales, la calma es grande y la intelección pequeña, lo contrario que en otros ámbitos.[45] El primer *dhyāna* se encuentra asociado con la comprensión y discriminación *(vicāra)*, la satisfacción afectiva *(prīti)* y la dicha *(sukha)*, elementos que irán desapareciendo en los subsiguientes *dhyāna*. En el segundo *dhyāna* se elimina la discriminación, quedando únicamente la satisfacción afectiva y la dicha. En el tercero sólo permanece la dicha. En el cuarto desaparece esta última.[46]

«¿Qué son los *ārūpya*? La aplicación de una mente pura a un objeto singular. Los *ārūpya* son como los *dhyāna* en número y naturaleza. Hay cuatro *ārūpya* y cada uno es doble: son estados de la mente concentrada y ámbitos de existencia. Están constituidos por cuatro *skandha*, pues la materia *(rūpa)* se encuentra ausente en ellos».[47] Cada uno de ellos surge como consecuencia del desasimiento de un estado anterior, como veremos en lo que sigue. El tratado intenta explicar en qué sentido *ārūpyadhātu*, que no es en realidad ningún lugar ni estadio, es cuádruple desde la perspectiva de los seres que *allí* renacen, que son «aquellos que han dominado la idea de la materia».[48] Los seres que moran en *ārūpyadhātu* carecen de visión y oído (a diferencia de los de *rūpadhātu*) y, por tanto, de la percepción cognitiva asociada a estos órganos.[49]

A continuación se discuten las diferentes posturas de las

45. *Kośa* VIII 1 a-d.
46. *Kośa* VIII 2 a-b.
47. *Kośa* VIII 2 c-d.
48. Compárese con los *siddhis* los *Yogasūtra* de Patañjali.
49. *Kośa* 1. 38 c-d (d).

escuelas acerca de la posibilidad de un ámbito inmaterial. Algunas sostienen que *ārūpyadhātu* no es completamente inmaterial, sino que se compone de una materia extremadamente sutil, transparente, similar a la de los diminutos y casi invisibles seres acuáticos de los que habla el *vinaya*, que apenas puede percibirse. Los argumentos para mantener esta tesis son cuatro: *1*. El calor y la vida se encuentran asociados *(saṃsṛṣṭa)*. *2*. Se dice que lo material se apoya en lo inmaterial, y a la inversa (*nāma*, los cuatro *skandha* no materiales, y la materia se apoyan mutuamente). *3*. Además, los *skandha* materiales e inmateriales son un efecto de la percepción cognitiva *(vijñāna)*. Y finalmente se sostiene que *4*. la percepción cognitiva no es independiente de la materia física, la sensación, las ideas o los hábitos. Sin embargo, estos argumentos no resultan convincentes. Prueba de ello es que, cuando los *sūtra* hablan de la vida *(āyus)* asociada con el calor (que es material), o cuando hablan de que lo material se apoya en lo inmaterial y viceversa, no se refieren a todos los tipos de vida, sino sólo a aquellos que surgen en el ámbito del deseo y el ámbito de la materia sutil. Respecto al tercer argumento, hay que distinguir entre las percepciones cognitivas producidas por las *saṃskāra* de *kāmadhātu* y *rūpadhātu*, de aquéllas producidas por las *saṃskāra* de *ārūpayadhātu*. Respecto al cuarto, el *sūtra* niega que la percepción cognitiva se mueva independientemente de los *vijñānasthiti*, es decir, al margen de la materialidad, la sensación, las ideas y la intención *(rūpa*, *vedāna*, *saṃjñā* y *saṃskāra)*, pero habría que dilucidar a qué ámbito pertenecen éstos, pues bien podrían ser consecuencia de retribuciones kármicas de un ámbito material.

Se concluye que en el mundo de *ārūpya* toda sensación *(vedanā)* ha sido dejada atrás y que se trata de un mundo inmaterial.[50] Cuando un ser logra renacer en este ámbito, su propia materialidad *(rūpa)* queda en suspenso durante largos periodos de tiempo. Se pregunta entonces de dónde extrae dicho ser su cuerpo cuando renace en un ámbito inferior. Se responde que la materia física surge de la mente *(citta)*.[51] Una acción del pasado puede «materializarse» mediante la traza *(vāsanā)* que dejó en la mente y dicha maduración explica la emergencia de lo material a partir de lo mental. Saṁghabhadra *(Prakaraṇaśāsana)* comenta:

> Cuando un ser muere en *ārūpyadhātu* y renace en un ámbito inferior, la serie continua de sus estados mentales *(cittasaṃtati)* produce la materia (se fabrica un cuerpo), así es como de la mente puede surgir la materia. Nosotros mantenemos que en este mundo, los *dharma* materiales e inmateriales se producen de hecho en mutua dependencia. Las transformaciones de lo mental producen la diversidad de lo material. Cuando se transforman o evolucionan los órganos de los sentidos, que son materiales, las percepciones cognitivas difieren. Además, éste no es el único modo de surgimiento de lo material, también puede originarse a partir de procesos en ámbitos materiales.

Los *ārūpya* reciben sus nombres de los ejercicios preparatorios que facilitan el acceso a los mismos: *ākāśantya*, *vijñānan-*

50. *Kośa* VIII, 3c.
51. *Kośa* VIII, 3d.

tya y *ākiṃcanya*. El viajero y filósofo chino Xuanzang añade que, en sus ejercicios, el meditante debe pensar sucesivamente: «El espacio *(ākāśa)* es infinito», «La percepción cognitiva *(vijñāna)*, en sus seis modos, es infinita», «Poco es lo que hay *(Ākiṃcanya)*».[52] El *locus classicus* al que hace referencia es un pasaje del *Cula-suññata Sutta*, donde el Buda habla de «permanecer en la plenitud de la vacuidad».[53] El texto describe las tres fases mencionadas: la atención al espacio ilimitado, la atención a la infinitud de la percepción cognitiva, que nunca se interrumpe (simplemente cambia de modo y escenario en función del itinerario kármico que la guía), y la atención a la unidad de la esfera de la nada. En cada una de estas fases la mente consigue clarificarse, equilibrarse y liberarse de forma gradual hasta finalmente alcanzar el último de los *ārūpya*: *nasaṃjñānāpyasaṃjñāka*.

Ya nos referimos a este estado cuando describimos las siete moradas de la conciencia *(vijñānasthiti)*. Se trata del estado de conciencia más elevado, de ahí que se le llame la «cima del mundo», *bhavāgra*.[54] Recibe su nombre del hecho de que el «reconocimiento» *(saṃjñā)*, la presencia de una idea surgida de la percepción que nos permite identificar una cosa y asociarla con un nombre, es muy débil. Aquí las ideas tienen una actividad muy atenuada, aunque no se encuentran completamente ausentes. Estamos cerca de la conciencia vacía de contenido *(puruṣa)* postulada por la filosofía *sāṃkhya*. Y se dice que uno

52. Vallée-Poussin (1988, 1287 nota 41).
53. *MN* 121.
54. La noción se acerca a la conciencia vacía de contenido postulada por la filosofía sāṃkhya.

se prepara para ese ámbito convenciéndose de que «las ideas son una enfermedad», «las ideas son una úlcera», «las ideas son flechas». Pero sin olvidar tampoco que «la ausencia de ideas (*āsaṃjñika*) es estupidez *(saṃmoha)*».

La *cima del mundo* es un estado que se asocia con el disfrute y la pureza, pero su pureza no se encuentra del todo libre de inquietudes. Incluso aquí, el deleite se halla condicionado por la sed *(tṛṣṇā)*. Estamos todavía en el ámbito de la existencia, y aunque se trata de un ámbito de bien, condicionado por *dharmas* puros, la serie de percepciones cognitivas que constituyen la identidad deberá abandonarlo y liberarse del remanente de turbación que todavía queda.

El repliegue del cosmos

En el capítulo dedicado a los diferentes tipos de conocimiento directo que experimentan los Budas, dentro de la sección dedicada al recuerdo consciente de vidas anteriores,[55] Buddhagosa describe los procesos de expansión y contracción que experimenta el «sistema de mundos» *(lokadhātu)*, en cada uno de los cuales se distinguen treinta y un ámbitos de existencia *(bhūmi)*. La contracción se produce al mismo tiempo en cúmulos que comprenden innumerables mundos.[56] En el caso de los periodos de contracción, se trata de eras de disminución, mientras que en

55. *VM* XIII.
56. *VM* XIII 40.

los periodos de expansión se trata de eras de incremento.[57] Lo que remplaza la contracción se encuentra enraizado en ella y lo mismo puede decirse de lo que incrementa la expansión. De ahí que se diga: «Monjes, hay cuatro eras de incalculable duración: la contracción, lo que remplaza la contracción, la expansión y lo que remplaza la expansión».[58] Existen tres clases de periodos de contracción, los desencadenados por el fuego, por el agua y por el viento. Hay, al mismo tiempo, tres límites superiores a dicha contracción: la contracción por el fuego puede arrasar todos los ámbitos de existencia que quedan por debajo del *flujo radiante (ābhassara)*, la contracción por el agua tiene su límite en el ámbito de la *completa belleza (subhakiṇha)*, y la contracción por el viento tiene su límite en el ámbito *inmenso fruto (vehapphala)*.[59] De dicha destrucción periódica no están exentos los *campos del Buda*.[60]

Como los estados de ánimo, cuya naturaleza se encuentra caracterizada por la impermanencia, los ámbitos cósmicos tampoco gozan de una estabilidad definitiva, aunque abarquen periodos de tiempo incomparablemente más extensos. El espacio cósmico o mundo receptáculo *(bhājanaloka)* experimenta ciclos recurrentes de repliegue o contracción desencadenados por tres de los elementos: fuego, agua y aire,[61] que reducen los mundos de abajo arriba, es decir, partiendo de los ámbitos de existencia más elementales y procediendo

57. *VM* XIII 28.
58. *M* XIII 29.
59. *VM* XIII 30.
60. *VM* XIII 31.
61. *Aggaññasutta, DN* 27.

sucesivamente hacia los más desarrollados. El fuego destruye en primer lugar el ámbito de los destinos nefastos *(naraka)*, el ámbito de los animales, de los manes, de los humanos y el de los dioses sensuales, alcanzando el primero de los ámbitos de la materia sutil, el de las divinidades llamadas *brahmas*, correspondiente al primer *dhyāna*, donde se detiene. Los ámbitos superiores, correspondientes al segundo *dhyāna*, serán destruidos por el agua, mientras que los asociados al tercer *dhyāna* son destruidos por el viento. Únicamente, los ámbitos correspondientes al cuarto *dhyāna* (siete pertenecientes al mundo de la materia sutil y cuatro al mundo inmaterial) no se ven afectados por este repliegue cósmico. Tanto el *Visuddhimagga* como el *Abhidharmakośabhāśya* describen detalladamente la secuencia y frecuencia de dicho repliegue cósmico por parte de los elementos.[62] Tras siete ciclos de destrucción mediante el fuego, sucede uno mediante el agua, lo que sugiere que la contracción cósmica no siempre tiene el mismo alcance.

62. *VM:* XIII 55-62, 65, *Kośa:* III 102.

CUADRO III.4. *Los niveles de existencia*

<table>
<tr><th>Ámbitos cósmicos (dhātu)</th><th>Treinta y un niveles de existencia (bhūmi)</th><th colspan="3">Ciclos cósmicos</th></tr>
<tr><td>Inmaterial
Ārūpyadhātu</td><td>Naivasamjñānāsamjña
Ākimcanya
Vijñānānantya
Ākāśanantya</td><td rowspan="5"></td><td rowspan="4"></td><td rowspan="3"></td></tr>
<tr><td rowspan="5">Materia sutil
Rūpadhātu</td><td>Akanistha
Sudarśana
Sudrśa
Avrha</td></tr>
<tr><td>Asaññasatta
Brhatphala</td></tr>
<tr><td>Subha-kinha
Appamānsubha
Parittasubha</td><td rowspan="6">Viento</td></tr>
<tr><td>Ābhāsvara
Apramānābha
Parīttābha</td><td rowspan="5">Agua</td></tr>
<tr><td>Mahābrahmā
Brahmāpurohita
Brahmākāyika</td><td rowspan="4">Fuego</td></tr>
<tr><td rowspan="3">Sensual
Kāmadhātu</td><td>Paranirmitavaśarvatin
Nirmanaratī
Tuṣita, Yāma,
Trāyastriṃśa
Caturmahārājakāyika</td></tr>
<tr><td>Manusya</td></tr>
<tr><td>Asura Preta
Tiryagyoni Naraka</td></tr>
</table>

¿Qué ocurre con los seres de los ámbitos que son objeto del repliegue cósmico? Hay acuerdo en que dichos seres no pueden desvanecerse simplemente de *saṃsāra*, pero la escolástica del Norte y la del Sur no se ponen de acuerdo en cuál es su destino. Para Vasubandhu, estos seres renacen en ámbitos equivalentes de otros universos que no se encuentran en proceso de contracción, lo que preservaría la ley del karma.[63] Sin embargo, para Buddhagosa estos seres renacen en el mundo de la materia sutil, concretamente en el ámbito de la *radiación fluida (ābhassara-brahmā)*, en virtud de un karma positivo remanente. Yaśomitra, en su comentario al libro octavo de *Kośa*, sugiere que cuando se inicia el repliegue del universo, los seres de los ámbitos de existencia inferiores entran en el segundo *dhyāna*, gracias a una *vāsanā* o traza mental latente. Se subraya así la idea de que todos los seres en algún momento de su trayectoria han pasado por el ámbito de la materia sutil y que la contracción cósmica se encarga de actualizar.[64]

En la literatura antigua (brahmánica, budista o jainista), el término sánscrito *kalpa* hace referencia a periodos cósmicos de larga duración, asociados a los diversos ciclos de expansión y contracción del universo. El *Abhidharmakośa* distingue cuatro tipos de eras cósmicas o eones.[65] Una era de repliegue o contracción, llamada *saṁvarta-kalpa*, y una era de despliegue o expansión, llamada *vivarta-kalpa*. En función de su duración, se habla también de eras menores *(antarakalpa)* y mayores

63. *Kośa* III 90 a-b.
64. *Kośavākhyā* VIII 38 c-d.
65. *Kośa* III 89d.

(mahākalpa). El mundo tiene una duración de veinte *antarakalpa*, una vez que se ha consumido este tiempo, empieza la fase de repliegue *(vivartakalpa)*, que se inicia, desde abajo, con la desaparición sucesiva de los ámbitos de existencia *(gatisaṁvartanī)* y sus receptáculos *(bhājanasaṁvartanī)*,[66] es decir, desde el momento en que los seres dejan de renacer en los abismos hasta la extinción del espacio físico. En el caso en que un ser de otro ámbito, en virtud de su karma, renazca en los abismos, lo hará en abismos de otros universos que no se encuentren en proceso de repliegue o contracción, lo mismo ocurrirá con los manes y los animales, cuya desaparición se inicia con la fauna marina. Los animales que conviven con los hombres o con los dioses desaparecen al mismo tiempo que éstos. Dicha extinción es de dos tipos: de ámbitos de existencia y de ámbitos receptáculo, de seres vivos y de materia inanimada.

En el periodo de repliegue, los seres producen con más facilidad los estados mentales *(dhyāna)* asociados con ámbitos superiores: la reducción del espacio cósmico contribuye a desarrollar y a hacer más eficaces los *dharma* que propician dichas transformaciones.[67] Cuando el cosmos inicia su repliegue mediante el fuego, *kāmadhātu* y los ámbitos asociados con el primer *dhyāna* desaparecen; cuando entra en juego el agua, desaparecen los ámbitos asociados con el segundo *dhyāna*; cuando hace su aparición el viento, son los del tercer *dhyāna*

66. *Kośa* III 90 a-b. Otras fuentes budistas barajarán la idea de un «Eón inconmensurable» *(asaṃkhyeya-kalpa)*, cifrado, según las diversas fuentes, en 1051, 1059, 1063 años, añadiendo que un *bodhisattva* se convierte en Buda tras tres de estas inconmensurables eras (*Kośa* III 93d, 94a).
67. *Kośa* 8. 38 c-d.

los que se extinguen.[68] Así, durante el repliegue del cosmos, los seres se ven impelidos a renacer en ámbitos protegidos del proceso de disolución, por lo que producen estados meditativos que los llevan a los ámbitos asociados con el segundo, tercer y cuarto *dhyāna*. Xuanzang añade que la desaparición del mundo receptáculo se produce a consecuencia de la ley natural *(dharmatā),* que hace que los seres de los ámbitos inferiores produzcan, por una especie de necesidad de supervivencia, estados mentales asociados con ámbitos superiores a los que no alcanza el proceso de contracción. Esto ocurre, por ejemplo, entre las gentes de Jambudvīpa (el subcontinente indio), que sin la ayuda de un maestro pueden alcanzar un estado mental asociado con el primer *dhyāna*, lo que los lleva a renacer entre los seres de materia sutil. Lo mismo pasa con las gentes de otros dos continentes reconocidos por los geógrafos indios: Pūrvavideha y Avaragodānīya. No así con los habitantes de Uttarakuru, cuyo apego les impide liberarse de la sensualidad de *kāmadhātu*, lo que los lleva a renacer entre los dioses del deseo. De este modo, los seres van escalando gradualmente los diferentes ámbitos de existencia y, conforme van desapareciendo, desaparece con ellos el espacio físico en el que vivían, su «receptáculo» *(bhājana)*.

Cuando se agotan las consecuencias de las acciones colectivas de los seres, responsables del mundo físico, siete soles aparecen y consumen el mundo con sus llamas, alcanzando incluso las moradas de los *brahmā* del ámbito de materia sutil.

68. *Kośa* 3. 100 c-d.

Vallée-Poussin lista las diferentes opiniones respecto al significado de estos «siete soles» y el posible origen mesopotámico del relato. *1*. Los soles se encontraban escondidos tras el monte Yugandhara. *2*. El sol se divide en siete. *3*. El Sol aumenta su radio por siete. *4*. Los siete soles, en un principio escondidos, manifiestan su presencia debido a las acciones de los seres.[69]

Algo similar ocurre con la contracción del cosmos debida al agua y al viento, que alcanza cimas más elevadas en los niveles de conciencia. Mediante el agua, se repliegan los ámbitos correspondientes al segundo *dhyāna*. En orden sucesivo: el ámbito del *esplendor limitado (parittābha)*, el *esplendor ilimitado (appamāṇābha)* y el *flujo resplandeciente (ābhassara)*, todos ellos pertenecientes al mundo de la materia sutil. Mediante el viento se repliegan los ámbitos correspondientes al tercer *dhyāna:* el ámbito de *limitada belleza (parittasubha)*, el de *ilimitada belleza (Appamāṇasubha)* y el de *completa belleza (subhakiṇha)*. Los ámbitos superiores a éste, asociados con el cuatro *dhyāna*, las llamadas moradas puras *(suddhāvāsa)* y los cuatro estados inmateriales *(ārūpya)*, no se repliegan, y constituyen el universo latente cuando todo ha desaparecido. Podemos inferir que es en estos estados donde se custodian las diversas potencialidades de los seres, cuyos itinerarios kármicos sobreviven a las transformaciones cíclicas del cosmos. Dicha identidad kármica se hará efectiva en la era de despliegue o expansión *(vivarta-kalpa)*, tras haber quedado en suspenso durante el periodo de transición entre el repliegue y el sub-

69. Vallée-Poussin (1988, 542).

siguiente despliegue del cosmos. El funcionamiento descrito aquí para nuestro universo es extensible a otros universos, cuyo número es inimaginable.

El despliegue del cosmos

La era cósmica de despliegue o expansión, denominada *vivarta-kalpa*, se inicia con la aparición de viento primordial *(prāgvāyu)* y concluye cuando los seres comienzan a renacer en los abismos.[70] El mundo ha quedado en suspenso por largo tiempo, en concreto durante veinte *kalpa* menores *(antarakalpa),* habiendo sólo espacio donde antes se encontraban las cosas. Por la fuerza remanente de las acciones colectivas de los seres, aparecen los primeros signos de lo que será el mundo material. Una ligera brisa surge en el espacio vacío. Y se inicia la era de despliegue, que durará tanto como la de suspensión, veinte *antarakalpa*. La brisa primordial aumenta gradualmente su intensidad hasta formar un círculo de viento. De esta manera se forman todos los «receptáculos» que albergarán los ámbitos de existencia. Los primeros en aparecer son las mansiones de Brahmā, seguidas de las otras mansiones, hasta la de los Yamas. De esta manera se crea el mundo físico. Entonces un ser, habiendo muerto en Ābhassara, renace en la mansión de Brahmā, que se encontraba hasta ese momento vacía, y así otros seres, muertos en Ābhassara, van ocupan-

70. *Kośa* 3. 90 c-d.

do sucesivamente los ámbitos de los consejeros y del séquito del Brahmā *(purohita* y *pārisajja)*. Tras ellos van apareciendo los Paranirmitavaśarvatin y otros dioses de Kāmadhātu, y en los cuatro continentes, aparece el género humano, siguiendo el patrón de que quien desapareció el último renace primero. Cuando, tras veinte *antarakalpa*, renace el primer ser en los abismos, la era de despliegue ha finalizado. En la primera se crea el mundo físico, en las otras diecinueve, hasta que los seres renacen en los abismos, la vida humana goza de una incalculable longevidad, que va disminuyendo conforme avanza la evolución del cosmos.[71]

El relato de *Māhavastu*

La gran gesta (Mahāvastu), un texto de transición entre el budismo *nikāya* y el *mahāyāna*, redactado en el llamado sánscrito budista híbrido entre el siglo II antes de nuestra era y el siglo IV, dedica uno de sus capítulos a la «génesis del mundo».[72] Aunque se trata de un género narrativo y en absoluto escolástico y téc-

71. *Kośa* III 91 a-b.

72. *The Mahavastu*, trad. J.J. Jones, *Pāli Text Society* (3 vols.). La edición de la obra sánscrita se debe a Émile Senart para la Société Asiatique de París, entre 1882 y 1897. A pesar de que el propio Senart desaconsejó su traducción dado el estado del manuscrito, ello no desanimó a J.J. Jones, que realizó una traducción al inglés para Pāli Text Society, publicada en Londres en tres volúmenes, entre 1949 y 1956. Generalmente, se atribuye el texto a los *lokottaravādin*, una subescuela del *mahāsāṃghika*, mencionados al principio de la obra, aunque es muy probable que en su redacción hayan intervenido otras escuelas. Los *lokottaravādin* produjeron un cisma en la comunidad budista al sostener que el cuerpo del Buda no era real, sino que tenía un carácter supramundano *(lokottara)* y que lo que veían sus contemporáneos no era sino una ilusión aparente.

nico como el *Kośa*, encontramos en él algunos de los elementos clave de la idea del cosmos forjada en las tradiciones budistas a comienzos de nuestra era.

> Llega un momento, oh, monjes, después de un largo periodo de tiempo, en que el universo inicia su repliegue. Y durante esa fase los seres renacen mayoritariamente en el ámbito Ābhāsvara. Cuando, tras otro largo periodo, se reinicia de nuevo el despliegue del cosmos, los seres, en virtud de su karma, dejan Ābhāsvara y renacen en nuestro mundo. Estos seres tienen luminosidad propia y están hechos de mente. Se mueven sin impedimentos a través del espacio y disfrutan de un estado de dicha, alimentándose de su propia alegría. El Sol y la Luna todavía no han surgido, tampoco las estrellas o las constelaciones. No hay ni día ni noche, ni estaciones ni años.
>
> Entonces surge la Tierra como un gran lago de agua refrescante en color y sabor, dulce como la miel de abeja, que se extiende como un lago de leche. Los seres de luz se sienten atraídos por su aspecto, aroma y sabor. Se acercan a ella y extienden los dedos para probar su esencia. Primero prueban la ambrosía a pequeños sorbos, como si fueran pájaros, pero terminan devorándola a grandes bocados, como si se tratara de comida vulgar.
>
> Dichos seres atraen a otros seres y al fin son multitud. Y sus cuerpos se despojan gradualmente de su naturaleza mental y luminosa, pierden ligereza y se hacen ásperos y pesados. Olvidan cómo alimentarse de la dicha y el contento, pierden el don de la ubicuidad y la luminosidad interna. Y lo que antes era luz propia, ahora es luz reflejada.
>
> Cuando los seres han perdido estas cualidades, surgen el Sol,

la Luna y las estrellas. Y, con ellas ,las constelaciones, los días y las noches, la estación de lluvias y la estación seca. Los seres viven largo tiempo nutriéndose de la ambrosía de la Tierra, y su alimento da forma a su apariencia. Los que comen mucho se intoxican, volviéndose desagradables y groseros, mientras que los moderados se tornan bellos y atractivos. Y de esa desigualdad nace la envidia y la burla, la vanidad y la presunción.

Con el tiempo se agota la ambrosía, y una excrecencia surge en la superficie de la Tierra. Tiene el aspecto de la miel de abeja y de ella se alimentan los seres, que añoran los tiempos gloriosos en los que podían disfrutar de la ambrosía. En esa eminencia del terreno crece una enredadera de la que brotan granos de arroz, fragante, sin polvo ni cascarilla, maduro y esponjoso. Y el arroz va configurando la naturaleza de los seres que se alimentan de él. Y de la partición de la tierra para el cultivo de arroz, surge la asamblea de ancianos, la propiedad y el reino.

Respecto a la cuestión del destino de los seres cuando se inicia el repliegue del universo, encontramos aquí una explicación similar a la que ofrece Buddhagosa. Según el *Visuddhimagga*, cuando el fuego desencadena la contracción del cosmos, los seres que habitan los ámbitos inferiores de existencia renacen entre los *brahmā* de *ābhāsvara* (pali: *ābhassara*), que corresponde al segundo *dhyāna*, pero dado que para renacer en estos ámbitos deben haber cultivado los estados mentales correspondientes al segundo *dhyāna*, queda por resolver la cuestión de qué es lo que impulsa a los seres a renacer allí.[73] La respuesta

73. *Visuddhimagga* 13. 55-65.

a esta cuestión es ambigua. Por un lado, Buddhagosa parece sugerir que no hay seres en *saṃsāra* que no tengan, al menos en estado latente, alguna traza de buen karma que, desencadenada por el repliegue del cosmos, les permita ascender al ámbito de los dioses sensuales y de allí al ámbito de los *brahmā*.[74]

Dado que los ciclos cósmicos son incontables, se supone que todos los seres han renacido en alguna ocasión entre los *esplendorosos (ābhasvāra),* estados de materia sutil plenos de dicha *(prīti)* y amor *(maitrī),* pasando de allí a los ámbitos del cuarto *dhyāna*, aquellos que quedan a salvo del repliegue desencadenado por el fuego, el agua y el viento. De aquí a la concepción *mahāyāna* según la cual todos los seres llevan en sí, de manera innata, el embrión del Tathāgata, no hay más que un paso. Los estados mencionados, aunque no despiertos, se consideran muy próximos al despertar.

Respecto al «lugar» donde se detiene el repliegue cósmico, el *Kośa* establece que los tres *dhyāna,* empezando por el segundo, constituyen cada uno de ellos el límite de las sucesivas contracciones desencadenadas por el fuego, el agua y el viento.[75] El primero contrae todo lo que queda por debajo del ámbito del Gran Brahmā, incluido éste, que se encuentra asociado con el primer *dhyāna* y que pertenece ya al mundo de la materia sutil *(rūpadhātu)*. El agua repliega los ámbitos asociados al segundo *dhyāna*, es decir, el ámbito de los *esplendorosos*. El viento se

74. El *Visuddhimagga* (XIX 14) distingue cuatro tipos de karma (pali: *kamma*): el que se experimenta «aquí y ahora» (en esta vida), el que se experimenta al renacer, el que se experimenta en un devenir futuro y el karma que se interrumpe o posterga indefinidamente, cuando no ha habido y no habrá consecuencias kármicas.
75. *Kośa* III 100 c-d.

encarga de reducir los ámbitos de la *belleza*, asociados con el tercer *dhyāna*. Los ámbitos superiores, asociados con el cuarto *dhyāna*, no son objeto de destrucción.

El comentario explica el motivo por el cual los diversos elementos destruyen de forma gradual los distintos ámbitos. El fuego destruye el primer *dhyāna* porque precisamente las imperfecciones y vicios de dicho estado mental son *vitarka-vicāra*, que hacen arder la mente del mismo modo que el fuego hace arder el mundo. El primer término, *vitarka*, hace referencia a la elucubración de lo discursivo, a suposiciones, conjeturas y dudas. El segundo, *vicāra*, al discernimiento y la reflexión. Ambos inquietan todavía al primer *dhyāna*. Los ámbitos asociados al segundo *dhyāna*, los *esplendorosos (ābhāsvara)*, sucumben al agua, dado que su vicio es la dicha. Y los *sūtra* afirman que la sensación de sufrimiento se destruye mediante la supresión de la solidez del cuerpo, siendo los seres dichosos blandos y maleables como el agua. Los ámbitos asociados al tercer *dhyāna* los destruye el viento, pues tienen como vicio la respiración.

De modo que cada uno de los vicios asociados a los diferentes estados mentales causa la destrucción de los ámbitos de existencia. De nuevo, lo externo y lo interno, lo físico y lo mental, se consideran dos aspectos de una misma realidad. ¿Por qué no se opera una destrucción mediante el elemento tierra?, se pregunta el autor: porque lo que llamamos mundo físico es precisamente el elemento tierra. Por lo tanto, a ese mundo físico puede oponerse el fuego, el agua o el viento, pero no la misma tierra.

Los ámbitos asociados al cuarto *dhyāna* no son objeto de destrucción precisamente porque su estado mental asociado se encuentra libre de la agitación de la especulación, la dicha y la respiración. De hecho, el Buda ha afirmado que este *dhyāna* carece de vicios internos y que es inamovible *(ānejya)*. De acuerdo con otra opinión, el cuarto *dhyāna* y sus ámbitos asociados se libran de la destrucción debido a la resistencia de los *śuddhāvāsakāyika*, divinidades incapaces de entrar en *ārūpyadhātu* y también incapaces de ir a cualquier otro lugar. Paramārtha añade que desde allí obtienen el nirvana.

¿Respeta esta concepción de un ámbito indestructible el principio de impermanencia que gobierna la especulación budista en torno al cosmos y la vida? Vasubandhu no elude la cuestión. El mundo receptáculo del cuarto *dhyāna* no es eterno; de hecho, no constituye ni siquiera un ámbito que exista por sí mismo, sino que se divide en diferentes mansiones o residencias que surgen y perecen a medida que los seres las pueblan o abandonan. Aquí la distinción entre *sattvaloka* y *bhājanaloka* ha desaparecido. Dichos ámbitos existen siempre porque siempre se encuentran habitados, aunque ningún ser more eternamente en ellos, de hecho, no son ni siquiera espaciales. De modo que el cuarto *dhyāna* es y no es un sustrato permanente del universo. Lo es en el sentido de que funciona como su fuente de alimentación, como el resto donde se almacena la potencialidad kármica de los seres una vez que el ciclo de repliegue ha concluido y el cosmos, suspendido, aguarda su despliegue postrero.[76] Y no lo es en el sentido de que las «identidades» que lo constituyen son fluctuantes e inestables. Dado que el ámbito de *inmen-*

76. Siempre que no se descarte la transferencia a otros universos para asegurar la conservación del karma.

so fruto (Bṛhatphala) no constituye tanto un ámbito como un modo de ser, decir que el mundo se contrae periódicamente hasta dichos modos de ser es una manera de decir, como apunta Gethin, que los seres retornan a lo que podría considerarse un modo primordial del ser, y en este sentido dichos ámbitos pueden entenderse como un «origen» para el resto del cosmos.[77]

Epílogo

De lo expuesto hasta aquí, hay varias ideas que pueden resultar atractivas para la sensibilidad moderna. Por un lado, según el entendimiento budista del cosmos, el tiempo se concibe como la distancia entre la mente y el universo. Por el otro, se subraya insistentemente la idea de que el universo es el mapa de la mente: un complejo itinerario de estados de ánimo. La cosmología budista, a diferencia de la actual, no se organiza exclusivamente en torno a lo sensible (la bóveda estrellada, digamos), sino en torno a los diversos estados de la experiencia mental. El ojo sólo percibe lo visible, el oído lo audible, y nada sabe uno del otro, mientras que la mente *(manas)* aprende tanto su objeto, la conciencia, como los objetos de los cinco sentidos y los sentidos mismos.[78] Desde el punto de vista budista, es lógico que la cosmología moderna se organice en torno a lo sensible, pues es un conocimiento desarrollado en el mundo sensual *(kāmadhātu)*.

77. Gethin (1997, 204).
78. *SN* 5.

En la cosmología budista, como en Berkeley, el espacio no se considera como una categoría plausible al margen de una percepción cognitiva que de alguna manera lo permea y configura. De modo que considerar un espacio vacío (de percepción) supondría una contradicción en los términos. Curiosamente, la tradición que hizo del vacío una categoría filosófica descartó o pasó por alto la posibilidad de que el espacio pudiera existir al margen de la percepción, es decir, al margen de los seres que lo habitan, ya sean corrientes mentales toscas y sensibles *(kāmadhātu)*, sutiles *(rūpadhātu)* o inmateriales *(ārūpyadhātu)*. Al ser función de los estados de la mente, el espacio pierde su indiferencia y se atempera, se convierte en una actitud y un modo de ser, se dota de *inclinaciones*. Y la curvatura del espacio, su gravedad, se torna función de las *miradas* que lo crean. Así, la tradición budista hablará de espacios inquietos y espacios serenos, espacios oscuros y luminosos, ámbitos de dicha y ámbitos de sufrimiento. El universo no tiene origen, pero se repliega y despliega cíclicamente. Cada ciclo se compone de cuatro fases. En la fase de expansión se produce una diversificación unida a una sucesiva degradación en la experiencia de los seres. En la fase de contracción, el universo comienza a recogerse desde abajo, desde los niveles más bajos de conciencia hasta los más elevados, que son los últimos en reabsorberse. Desde esta perspectiva, si consideramos lo que ocurre en un único ciclo de despliegue-repliegue, puede decirse que son los estados de conciencia que han logrado liberarse de la atadura de la materia (el mundo de *ārūpyadhātu*), los que permanecen como universo embrionario cuando éste se encuentra en su ciclo de «suspensión», y es a partir de ellos, cuando se inicia de nuevo el despliegue cósmico, donde se forma primero el mundo de la materia sutil (o de refinada sensibilidad) y, posteriormente, el mundo de sensibilidad tosca en el que habitamos. Según esta narrativa, la conciencia o, mejor, los estados de conciencia crean el receptáculo para lo sensible. La mente se crea un cuerpo.

Pero dicha narrativa puede invertirse si nos situamos en el inicio del proceso de repliegue, y lo que era entonces efecto se convierte ahora en causa. Según esta otra perspectiva, el repliegue de lo sensible y de lo material da paso a un mundo imperceptible que carece de forma, pero no de entendimiento, donde los estados de conciencia subsisten al margen de lo material.

Bibliografía

Arnau, Juan, 2004 (ed./trad.). *Fundamentos de la vía media de Nāgārjuna,* Madrid, Siruela.

—, 2005. *La palabra frente al vacío. Filosofía de Nāgārjuna*, México, Fondo de Cultura Económica.

—, 2006 (ed./trad.). *Abandono de la discusión de Nāgārjuna,* Madrid, Siruela.

—, 2007. *Antropología del budismo*, Barcelona, Kairós.

—, 2008. *Arte de probar. Ironía y lógica en India antigua*, Madrid, Fondo de Cultura Económica.

Arnau, Juan, y Carlos Mellizo, 2011. *Vasubandhu/Berkeley*, Valencia, Pre-Textos.

Basham, Arthur, 1951. *History and Doctrines of the Ājīvikas. A Vanished Indian Religion*, Londres, Luzac and Company.

—, 2009. *El prodigio que fue India*, trad. Jesús Aguado, Valencia, Pre-Textos.

Bharati, Agehananda, 1965. *The Tantric Tradition*, Londres, Rider & Co.

Bodhi, Bhikkhu, 2002. *The Connected Discourses of the Buddha: A Translation of the Samyutta Nikaya*, Boston, Wisdom.

Buswell, Robert E., 2004 (ed.). *Encyclopedia of Buddhism*, Nueva York, McMillan.

Calasso, Roberto, 1992. *Ka*, trad. Edgardo Dobry, Barcelona, Anagrama. Chattopadhyaya, Debiprasad, 1970 (ed.). *Tāranātha's History of Buddhism in India*, Simla, Indian Institute of Advanced Study.

Chelmicki, Hanna de, 1999. «Concepto de *Ṛta* en el *Ṛg Veda*», *Ilu. Revista de Ciencias de las Religiones* (Universidad Complutense de Madrid), núm. 4, págs. 25-56.

Colebrooke, Henry Thomas, y Horace Hayman Wilson, 1837 (ed./ trad.). *Sāmkhya Kārikā with the Comm. Of Gauḍapāda*, Oxford, A.J. Valpy.

Conze, Edward, 1957 (ed./trad.). *Vajracchedikā Prajñāpāramitā*, Roma, Istituto Italiano per il Medio ed Estremo Oriente.

—, 1960. *The Prajñāpāramitā literature*, 'S-Gravenhage, Mouton.

—, 1964 (ed.), *Buddhist Text Through the Ages*, Nueva York, Harper & Row.

—, 1968. *Thirty Years of Buddhist Studies (Selected Essays)*, Columbia (SC), The University of South Carolina Press.

—, 1969. *Buddhist Meditation*, Nueva York, Harper & Row.

—, 1984 (ed./trad.). *The Large Sutra of Perfect Wisdom*, Berkeley (CA), University of California Press.

—, 1996. *Buddhist tought in India*, Ann Arbor (MI), The University of Michigan Press.

Dasgupta, Shashi Bhushan, 1958. *An Introduction to Tantric Buddhism*, Calcutta, University of Calcutta.

Dasgupta, Surendranath, 1992. *A History of Indian Philosophy* (vol. I), Delhi, Motilal Banarsidass.

Dragonetti, Carmen, 1967. *Dhammapada. La esencia de la sabiduría budista,* Buenos Aires, Sudamericana.

—, 1977. *Dīgha Nikāya, diálogos mayores de Buda*, Caracas, Monte Ávila.

—, 1984. *Siete sūtras del Dīgha Nikāya, diálogos mayores del Buddha*, México, El Colegio de México.

Edgerton, Franklin, 1953. *Buddhist Hybrid Sanskrit Dictionary*, New Haven, Yale University Press.

Eliade, Mircea, 1997. *El mito del eterno retorno*, trad. Ricardo Anaya, Madrid, Alianza Editorial.

—, 1998. *El yoga. Inmortalidad y libertad*, trad. Diana Luz Sánchez, México, Fondo de Cultura Económica.

Fatone, Vicente, 1972. *Obras completas I. Ensayos sobre hinduismo y budismo,* Buenos Aires, Sudamericana.

Filliozat, Jean, 1949. *La doctrine classique de la médicine indienne. Ses origines et ses parallèles grecs,* París, Imprimerie Nationale. Traducción inglesa de Dev Raj Chanana: *The Classical Doctrine of Indian Medicine. Its Origins and its Greek Parallels*, Nueva Delhi, Munshiram Manoharlal, 1964.

Frauwallner, Erich, 1973. *History of Indian Philosophy* (vol. I), trad. V. M. Bedekar, Delhi, Motilal Banarsidass.

—, 1995. *Studies in Abhidharma Literature and the Origins of Buddhist Philosophical Systems*, trad. Sophie Francis Kidd, Nueva York, State University of New York Press.

Garbe, Richard, 1917. *Die Śāṃkhya Philosophie*, Leipzig, H. Haessel.

—, 1927. «Sāṃkhya» en la *Encyclopaedia of Religions and Ethics*, James Hastings (ed.), vol. 11, págs 189-192.

Gethin, Rupert, 1997. «Cosmology and Meditation. From the Aggañña-Sutta to the Mahāyāna», *History of Religions*, vol. 36, núm. 3, págs. 183-217.

Gombrich, Richard, 1975. «Ancient Indian Cosmology», en *Ancient Cosmologies*, Carmen Blacker y Michael Loewe (eds.), Londres, George Allen & Unwin Ltd.

—, 1995. *Theravāda Buddhism. A Social History from Ancient Benares to Modern Colombo*, Nueva York, Routledge.

Gómez, Luis O., 1977. «The Bodhisattva as a wonder-worker», *Prajñāpāramitā and Related Systems: Studies in Honor of Edward Conze*, Berkeley (CA), University of California.

—, 1996. *The Land of Bliss. Sanskrit and Chinese Versions of the Sukhāvatīvyūha Sutras*, Honolulu, University of Hawaii Press.

—, 2011. *Iniciación en la práctica del despertar (Bodhicaryāvatāra)* de Śāntideva, próxima aparición, Siruela.

Gonda, Jan, 1975. *Vedic Literature (Saṃhitās and Brāḥmaṇas)*, Wiesbaden, Otto Harrassowitz.

González Reimann, Luis, 1988. *Tiempo cíclico y eras del mundo en la India*, México, El Colegio de México.

Hastings, James, 1908 (ed.). *Encyclopaedia of Religion and Ethics*, Edimburgo, T & T Clark.

Jayatilleke, Kulatissa Nanda, 1963. *Early Buddhist Theory of Knowledge*, Londres, George Allen & Unwin Ltd.

Jhā, Gaṅgānāṭha, 1984. *The Nyāya-Sūtras of Gauama* (*With the Bhāṣya of Vāsyāyana and the Vārika of Uḍḍyoakara,* 4 vols.), Delhi, Motilal Banarsidass.

—, 2004. *The Samkhya-Tattva-Kaumudi: Vacaspati Misra's Commentary on the Samkhya-karika*, Delhi, Chaukhamba Sanskrit Pratishthan (1ª edición, Bombay, 1896).

Johnston, E.H., 1979. *Early Sāmkhya. An Essay on its Historical Development According to Texts*, Londres, The Royal Asiatic Society. Kalupahana, David J., 1976. *Buddhist Philosophy. A Historical Analysis*. Honolulu, University of Hawaii Press.

Kasawara, Kenjiu, 1885. *The Dharma Samgraha. An Ancient Collection of Buddhist Technical Terms*, Max Muller y H. Wenzel (eds.), Oxford, Clarendon Press.

Keith, Arthur B., 1918. *Sāṃkhya System: A History of the Sāṃkhya Philosophy*, Londres, Oxford University Press.

—, 1925. *The Religion and Philosophy of the Veda and Upanishads*, Cambridge, Harvard University Press (Harvard Oriental Series, v. 31, 32).

Kloetzli, Randy, 1983. *Buddhist Cosmology: From Single World System to Pure Land: Science and Theology in the Images of Motion andLlight*. Delhi, Motilal Banarsidass.

Kuiper, F. B. J., 1983. «The Basic Concept of Vedic Religion», en *Ancient Indian Cosmogony*, John Irwin (ed.), Nueva Delhi, Vikas Publishing House.

Lamotte, Etiénne, 1944-1980. *Le traité de la grande vertu de sagesse de Nāgārjuna (Mahāprajñāpāramitāśāstra)* (5 vols.), Lovaina, Bureaux du Muséon.

—, 1954. «Sur la formation du Mahāyāna» en *Asiatica,* núm. 49.

—, 1962 (ed./trad.). *L'enseignement de Vimalakīrti*, Lovaina, Institut Orientaliste.

—, 1988. *History of Indian Buddhism, from the Origins to the Śaka Era*, trad. Sara Boin-Webb, Lovaina, Université du Louvain.

Larson, Gerald, 1998. (trad.), «Sāṃkhya kārikā» en Apéndice Larson (1998).

—, 1998. *Classical Sāṃkhya. An Interpretation of its History and Meaning*, Delhi, Motilal Banarsidass.

Larson, Gerald, y Ram Bhattacharya, 1987 (ed.). *Encyclopedia of Indian Philosophies* (vol. 4), *Sāṃkhya. A Dualist Tradition in Indian Philosophy*, Delhi, Motilal Banarsidass.

Mainkar, T.G., 2004. *Samkhyakarika of Isvarakrsna: With the Commentary of Gaudapada (Translated into English with an Exhaustive Introduction and Notes)*, Delhi, Chaukhamba Sanskrit Pratishthan.

Marasinghe, M.M.J., 1974. *Gods in Early Buddhism: A Study in Their Social and Mithological Milieu as Depicted in the Nikāyas of the Pāli Canon*, Vidyalankara, University of Sri Lanka.

Masefield, Peter, 1983. «Mind/Cosmos Maps in the Pāli Nikāyas», *Buddhist and Western Psychology*, N. Katz (ed.), Boulder, Prajña Press, págs. 69-93.

Matilal, Bimal Krishna, 1986. *Perception. An Essay on Classical Indian Theories of Knowledge*, Oxford, Clarendon Press.

Nagao, Gadjin M., 1990. *The Foundational Standpoint of Mādhyamika Philosophy*, trad. John Keenan, Delhi, Sri Satguru.

Nakamura, Hajime, 1980. *Indian Buddhism: a Survey with Bibliographical Notes*, Hirakata (Japón), Kufs Publication.

Ñānamoli, Bhikkhu, 1999 (trad.). *The Path of Purification (Visuddhimagga) by Buddhagosa*, Seattle, BPS Pariyatti Editions.

Ñānamoli, Bhikkhu, y Bhikkhu Bodhi, 1995 (trad.). *The Middle Length Discourses of the Buddha: A Translation of the Majjhima Nikaya*, Boston, Wisdom Publications.

Obermiller, E., 1986 (trad.). *The History of Buddhism in India and Tibet by Bu-ston*, Delhi, Sri Satguru Publications.

Olivelle, Patrick, 1998. *The Early Upanisads. Annotated Text and Translation*, Nueva York, Oxford University Press.

Pandeya, Ram Chandra, 1967 (ed.). *Yuktidīpikā. An Ancient Commentary on the Samkhya-Karika*. Delhi, Motilal Banarsidass.

Potter, Kart H., 1991. *Presuppositions on India's Philosophies*, Delhi, Motilal Banarsidass.

—, 1995 (ed.). *Encyclopedia of Indian Philosophies* (vol. 8), *Buddhist Philosophies from 100 to 350 A.D.*, Delhi, Motilal Banarsidass.

—, 2003 (ed.). *Encyclopedia of Indian Philosophies* (vol. 9), *Buddhist Philosophies from 350 to 600 A.D.*, Delhi, Motilal Banarsidass.

Pujol, Óscar, 2003. *Diccionari Sànscrit-Català*, Barcelona, Enciclopèdia Catalana.

Pujol, Óscar, y Félix Ilaraz, 2004 (eds.). *La sabiduría del bosque. Antología de las Upanisads*, Madrid, Trotta.

Pujol, Óscar, y Atilano Domínguez, 2009. *Patañjali/Spinoza*, Valencia, Pre-Textos.

Radhakrishnan, Sarvepalli, 1999. *Indian Philosophy* (2 vols.), Oxford, Oxford University Press (1ª edición de 1923).

Rappaport, Roy A., 2001. *Ritual y religión en la formación de la humanidad*, trad. Sabino Perea, Madrid, Cambridge University Press.

Renou, Louis, 1955-1965. *Études védiques et Pāṇīnées*, 14 vols., Publications de l'Institut de Civilisation Indienne, París, E. de Boccard.

Ruegg, David Seyfort, 1981. *The Literature of the Madhyamaka School of Philosophy in India*, Wiesbaden, Harrassowitz.

Sadakata, Akira, 2004. *Buddhist Cosmology. Philosophy and Origins,* trad. Gaynor Sekimori, Tokio, Kôsei Publishing.

Snellgrove, David, 1959 (ed./trad.). *The Hevajra Tantra*, London Oriental Series (2 vols.), Londres, Oxford University Press.

Solomon, Esther, 1974. *The Commentaries of the Sāṃkhya Kārikā. A Study*, Ahmedabad, Gujarat University.

Staal, Frits, 1982. *The Science of Ritual*, Poona, Bhandarkar Oriental Research Institute,

Suzuki, Daisetz Teitaro, 1957. *Studies in the Lan· kāvatāra Sutra*, Londres, Routledge and Kegan Paul.

Tambiah, Stanley, 1968. «The Magical Power of Words», *Man: The Journal of the Royal Anthropological Institute, New series, III.*

—, 1981. *A Performative Approach to Ritual. The Radcliffe-Brown Lecture (1979)*, Londres, Oxford University Press.

—, 1984. *The Buddhist Saints of the Forest and the Cult of Amulets*, Cambridge, Cambridge University Press.

Tola, Fernando, y Carmen Dragonetti, 1999. *El Sūtra del Loto de la verdadera doctrina, Sadharmapuṇḍarīkasūtra*, México, El Colegio de México.

—, 2008. *Filosofía de la India*, Barcelona, Kairós.

—, 2010. *Diálogos mayores de Buda*, Madrid, Trotta.

Vallée-Poussin, Louis de la, 1908. «Cosmogony and Cosmology (Buddhist)» en *Enciclopaedia of Religion and Ethics*, Hastings (ed.), vol. IV, págs. 129-138.

—, 1908. «Ages of the World (Buddhist)» en *Enciclopaedia of Religion and Ethics*, Hastings (ed.), vol. I, págs. 187-190.

—, 1988 (ed./trad.). *Abhidharmakośabhāṣyam* de Vasubandhu, trad. Leo M. Pruden, versión inglesa de la traducción al francés a partir de la versión china y tibetana de esta obra sánscrita, Berkeley, Asian Humanities Press, 1988 (1ª edición: *L'Abhidharmakośa de Vasubandhu*, 6 vols., París, 1923-1931).

Vetter, Tilmann E., 1988. *The Ideas and Meditative Practices of Early Buddhism*, Leiden & New Cork, E. J. Brill.

Virupakshananda, Swami, 1995 (trad.). *Sāṃkhya Kārikā with the Commentary of Vācaspati Miśra or Tattvakaumudī*, Madrás, Sri Ramakrishna Math.

Walshe, Maurice, 1995. *The Long Discourses of the Buddha. A Translation of the Dīgha Nikāya*, Boston, Wisdom Publications.

Wayman, Alex, 1973. *The Buddhist Tantras: Light on Indo-Tibetan Esoterism*, Nueva York, S. Weiser.

—, 1990. *Buddhist Insight. Essays by Alex Wayman*, George Elder (ed.), Delhi, Motilal Banarsidass.

Weinberg, Steven, 1993. *The First Three Minutes: A Modern View of The Origin of The Universe*, Basic Books.

Weerasinghe, S.G.M., 1993. *The Sāṃkhya Philosophy. A Critical Evaluation of its Origins and Development*, Nueva Delhi, Sri Satguru Publications.

Wijayaratna, Mohan, 2010. *El monje budista. Según los textos del theravāda*, trad. Antonio Rodríguez, Valencia. Pre-Textos.

Wogihara, Unrai, 1971 (ed.). *Bodhisattvabhūmi: A Statement of Whole Course of the Bodhisattva (being Fifteenth Section of Yogacarabhumi)*, Tokio, Sankibo.

Wolff, Christian von, 1731. *Cosmologia generalis*, Fráncfort y Leipzig, Rengeriana.

Índice analítico